遼寧省圖書館藏陶湘舊藏閔凌刻本集成

6

孫子參同·兵垣四編·呂氏春秋·淮南鴻烈解

遼寧省圖書館 編

中華書局

第六册目録

淮南鴻烈解二十一卷（卷十一—卷二十一）

不若太上之道故曰衰世末造

淮南鴻烈解卷十一

齊俗訓

率性而行謂之道得其天性謂之德性失然後貴仁道失然後貴義是故仁義立而道德遷矣禮義飾則純樸散矣是非形則百姓眩矣珠玉尊則天下爭矣凡此四者衰世之造也末世之用也夫禮者所以別尊卑異貴賤義者所以合君臣父子兄弟夫妻朋友之際也今世之爲禮者恭敬而忮爲義者布施而德君臣以相非骨肉以生怨則失禮義之本也故搆而

多責夫水積則生相食之魚土積則生自宂之獸禮
義飾則生僞匿之本夫吹灰而欲無眯涉水而欲無
濡不可得也古者民童蒙不知東西貌不羨乎情而
言不溢乎行其衣致煖而無文其兵戈銖而無刃其
歌樂而無轉其哭哀而無聲鑿井而飲耕田而食無
所施其美亦不求得親戚不相毀譽朋友不相怨德
及至禮義之生貨財之貴而詐僞萌興非譽相紛怨
德並行於是乃有曾參孝已之美而生盜跖莊蹻之
邪故有大路龍旂羽蓋垂綏結駟連騎則必有穿窬

正見禮義興於衰世

古之道如此

禮義之後若此

高下長短相形道德於禮義亦然

柎揵抽箕踰備之姦有詭文繁繡弱緆羅紈必有菅屩跐踦短褐不完者故高下之相傾也短脩之相形也亦明矣夫蝦蟇爲鶉水蠆爲蟌莣皆生非其類唯聖人知其化夫胡人見黂不知其可以爲布也越人見毳不知其可以爲旃也故不通於物者難與言化昔太公望周公旦受封而相見太公望問周公曰何以治魯周公曰尊尊親親太公曰魯從此弱矣周公問太公曰何以治齊太公曰舉賢而上功周公曰後世必有刼殺之君其後齊日以大至於霸二十四世

聖人見微知著仁義禮義一形聖人必知其獎

多譬喻總發上意

而田氏代之魯日以削至三十二世而亡故易曰履霜堅氷至聖人之見終始微言故糟丘生乎象櫡炮烙生乎熱升子路撜溺而受牛謝孔子曰魯國必好救人於患子贛贖人而不受金於府孔子曰魯國不復贖人矣子路受而勸德子贛讓而止善孔子之明以小知大以近知遠通於論者也由此觀之廉有所在而不可公行也故行齊於俗可隨也事周於能易爲也矜僞以惑世伉行以違衆聖人不以爲民俗廣廈闊屋連闥通房人之所安也鳥入之而憂高山險

便於彼則不便於此物理皆然

阻。深林叢薄虎豹之所樂也。人入之而畏。川谷通原。積水重泉黿鼉之所便也。人入之而死。咸池承雲九韶六英人之所樂也。鳥獸聞之而驚。深谿峭岸峻木尋枝猨狖之所樂也。人上之而慄。形殊性詭所以爲樂者乃所以爲哀。所以爲安者乃所以爲危也。乃至天地之所覆載。日月之所照認。使各便其性。安其居處其宜。爲其能。故愚者有所脩。智者有所不足。柱不可以摘齒。筐不可以持屋。馬不可以服重。牛不可以追速。鉛不可以爲刀。銅不可以爲弩。鐵不可以爲舟。

各取其所適宜而已治道亦然

木不可以爲釜各用之於其所適施之於其所宜即
萬物一齊而無由相過夫明鏡便於照形其於以函
食不如簞犧牛粹毛宜於廟牲其於以致雨不若黑
蜧由此觀之物無貴賤因其所貴而貴之物無不貴
也因其所賤而賤之物無不賤也夫玉璞不猒厚角
觡不猒薄漆不猒黑粉不猒白此四者相反也所急

相反可以爲用

則均其用一也今之裘與蓑孰急見雨則裘不用升
堂則蓑不御此代爲常者也譬若舟車楯肆窮廬故
有所宜也故老子曰不上賢者言不致魚於木沉鳥

上文說開此總說治道

正各適其宜

於淵故堯之治天下也舜爲司徒契爲司馬禹爲司空后稷爲大田師奚仲爲工其導萬民也水處者漁山處者木谷處者牧陸處者農地宜其事事宜其械械宜其用用宜其人澤臯織網陵阪耕田得以所有易所無以所工易所拙是故離叛者寡而聽從者衆譬若播棊丸於地員者走澤方者處高各從其所安夫有何上下焉若風之遇簫忽然感之各以清濁應矣夫猨狖得茂木不舍而穴狟狢得埵防弗去而緣物莫避其所利而就其所害是故隣國相望鷄狗之

亂之與治相反爲是

此見起處道德率性之意

音相聞而足迹不接諸侯之境車軌不結千里之外者皆各得其所安故亂國若盛治國若虛亡國若不足存國若有餘虛者非無人也皆守其職也盛者非多人也皆徼於末也有餘者非多財也欲節事寡也不足者非無貨也民躁而費多也故先王之法籍非所作也其所因也其禁誅非所爲也其所守也凡以物治物者不以物以睦治睦者不以睦以人治人者不以人以君治君者不以君以欲治欲者不以欲以性治性者不以性以德治德者不以德以道原人之

見人皆移所習由於上化

故仁義立而道德遷禮義飾而純朴散有以也

性蕪穢而不得清明者物或堁之也羌氐僰翟嬰兒生皆同聲及其長也雖重象狄騠不能通其言教俗殊也今三月嬰兒生而徙國則不能知其故俗由此觀之衣服禮俗者非人之性也所受於外也夫竹之性浮殘以爲牒束而投之水則沉失其體也金之性沉託之於舟上則浮勢有所支也夫素之質白染之以涅則黑縑之性黃染之以丹則赤人之性無邪久湛於俗則易易而忘本合於若性故日月欲明浮雲蓋之河水欲清沙石濊之人性欲平嗜欲害之惟聖

性未嘗不在顧人所見何如耳

見性之不可失故聖人以性率人

人能遺物而反已夫乘舟而惑者不知東西見斗極則寤矣夫性亦人之斗極也以有自見也則不失物之情無以自見則動而惑營譬若隴西之遊愈躁愈沉孔子謂顏回曰吾服汝也忘而汝服於我也亦忘雖然汝雖忘乎吾猶有不忘者存孔子知其本也夫縱欲而失性動未嘗正也以治身則危以治國則亂以入軍則破是故不聞道者無以反性故古之聖王能得諸已故令行禁止名傳後世德施四海是故凡將舉事必先平意清神神清意平物乃可正若璽之

虛者即性也
一者亦性也

抑埴正與之正傾與之傾故堯之舉舜也決之於目桓公之取甯戚也斷之於耳而已矣爲是釋術數而任耳目其亂必甚矣夫耳目之可以斷也反情性也聽失於誹譽而目淫於采色而欲得事正則難矣夫載哀者聞歌聲而泣載樂者見哭者而笑哀可樂者笑可哀者載使然也是故貴虛故水擊則波興氣亂則智昏智昏不可以爲政波水不可以爲平故聖王執一而勿失萬物之情旣矣四夷九州服矣夫一者至貴無適於天下聖人託於無適故民命繫矣爲仁

者必以哀樂論之爲義者必以取予明之目所見不
過十里而欲遍照海內之民哀樂弗能給也無天下
之委財而欲遍贍萬民利不能足也且喜怒哀樂有
感而自然者也故哭之發於口涕之出於目此皆憤
於中而形於外者也譬若水之下流煙之上尋也夫
有孰推之者故强哭者雖病不哀强親者雖笑不和
情發於中而聲應於外故釐負羈之壺餐愈於晉獻
公之垂棘趙宣孟之束脯賢於智伯之大鐘故禮豐
不足以效愛而誠必可以懷遠故公西華之養親也

若與朋友處曾參之養親也若事嚴主烈君其養一
也故胡人彈骨越人齧臂中國歃血也所由各異其
於信一也三苗髽首羌人括領中國冠笄越人劗髮
其於服一也帝顓頊之法婦人不辟男子於路者拂
之於四達之衢今之國都男女切踦肩摩於道其於
俗一也故四夷之禮不同皆尊其主而愛其親敬其
兄獫狁之俗相反皆慈其子而嚴其上夫鳥飛成行
獸處成群有孰教之故魯國服儒者之禮行孔子之
術地削名卑不能親近來遠越王句踐劗髮文身無

皮弁搢笏之服拘罷拒折之容然而勝夫差於五湖南靣而覇天下泗上十二諸侯皆率九夷以朝胡貉匈奴之國縱體拖髮箕倨反言而國不亡者未必無禮也楚莊王裾衣博袍令行乎天下遂覇諸侯晉文君大布之衣牂羊之裘韋以帶劍威立於海內豈必鄒魯之禮之謂禮乎是故入其國者從其俗入其家者避其諱不犯禁而入不迕逆而進雖之夷狄徒倮之國結軌乎遠方之外而無所困矣禮者實之文也仁者恩之效也故禮因人情而爲之節文而仁發恲

各因其俗不失其宜皆可以治

古之禮樂簡易如是異於今遠矣

以見容禮不過實仁不溢恩也治世之道也夫三年之喪是強人所不及也而以僞輔情也三月之服是絕哀而迫切之性也夫儒墨不原人情之終始而務以行相反之制五縗之服悲哀抱於情葬薶稱於養不強人之所不能爲不絕人之所能已度量不失於適誹譽無所由生古者非不知繁升降槃還之禮也蹀采齊肆夏之容也以爲曠日煩民而無所用故制禮足以佐實喻意而已矣古者非不能陳鐘鼓盛筦簫揚干戚奮羽旄以爲費財亂政制樂足以合歡宣

此不若古之禮樂處

意而已喜不羨於音非不能竭國麋民虛府殫財含珠鱗施綸組節束追送死也以爲窮民絕業而無益於槁骨腐肉也故葬薶足以收歛蓋藏而已昔舜葬蒼梧市不變其肆禹葬會稽之山農不易其畝明乎死生之分通乎侈儉之適者也亂國則不然言與行相悖情與貌相反禮飾以煩樂優以淫崇死以害生久喪以招行是以風俗濁於世而誹譽萌於朝是故聖人廢而不用也義者循理而行宜也禮者體情制文者也義者宜也禮者體也昔有扈氏爲義而亡知

此正後世之禮義

此列聖因時適宜處

義而不知宜也魯治禮而削知禮而不知體也有虞氏之祀其社用土祀中霤葬成畝其樂咸池承雲九韶其服尚黄夏后氏其社用松祀戸葬牆置翣其樂夏籥九成六佾六列六英其服尚青殷人之禮其社用石祀門葬樹松其樂大濩晨露其服尚白周人之禮其社用栗祀竈葬樹栢其樂大武三象棘下其服尚赤禮樂相詭服制相反然而皆不失親踈之恩上下之倫今握一君之法籍以非傳代之俗譬由膠柱而調瑟也故明主制禮義而爲衣分節行而爲帶衣

前所謂自見此復申之

足以覆形從典墳虛循撓便身體適行步不務於奇麗之容隅背之削帶足以結紐收衽束牢連固不亟於爲文句踈短之鞻故制禮義行至德而不拘於儒墨所謂明者非謂其見彼也自見而已所謂聰者非謂聞彼也自聞而已所謂達者非謂知彼也自知而已是故身者道之所托身得則道得矣道之得也以視則明以聽則聰以言則公以行則從故聖人財制物也猶工匠之斲削鑿枘也宰庖之切割分別也曲得其宜而不折傷拙工則不然大則塞而不入小則

禮義不若道德此處明明說出

窕而不周動於心枝於手而愈醜夫聖人之斲削物也剖之判之離之散之巳淫巳失復揆以一既出其根復歸其門巳雕巳琢遂反於樸合而爲道德離而爲儀表其轉入玄冥其散應無形禮義節行又何以窮至治之本哉世之明事者多離道德之本曰禮義足以治天下此未可與言術也所謂禮義者五帝三王之法籍風俗一世之迹也譬若芻狗土龍之始成文以青黄絹以綺繡纏以朱絲尸祝袀袨大夫端冕以送迎之及其巳用之後則壤土草𦲷而巳夫有孰

聖人因時世為禮義又言之

反覆辯論禮義不可擬

貴之故當舜之時有苗不服於是舜脩政偃兵執干戚而舞之時天下大雨禹令民聚土積薪擇丘陵而處之武王伐紂載尸而行海內未定故不爲三年之喪始禹遭洪水之患陂塘之事故朝死而暮葬此皆聖人之所以應時耦變見形而施宜者也今之修干戚而笑钁插知三年非一日是從牛非馬以徵笑羽也以此應化無以異於彈一絃而會棘下夫以一世之變欲以耦化應時譬猶冬被葛而夏被裘夫一儀不可以百發一衣不可以出歲儀必應乎高下衣必

適乎寒暑是故世異則事變時移則俗易故聖人論世而立法隨時而舉事尚古之王封於泰山禪於梁父七十餘聖法度不同非務相反也時世異也是故不法其已成之法而法其所以爲法所以爲法者與化推移者也夫能與化推移爲人者至貴在焉爾故狐梁之歌可隨也其所以歌者不可爲也聖人之法可觀也其所以作法不可原也辯士言可聽也其所以言不可形也淳均之劒不可愛也而歐冶之巧可貴也今夫王喬赤松子吹嘔呼吸吐故內新遺形去

不務道德而
襲其文章制
度何以異

智抱素反眞以遊玄聮上通雲天今欲學其道不得
其養氣處神而放其一吐一吸時詘時伸其不能乘
雲升假亦明矣五帝三王輕天下細萬物齊死生同
變化抱大聖之心以鏡萬物之情上與神明爲友下
與造化爲人今欲學其道不得其清明玄聖而守其
法籍憲令不能爲治亦明矣故曰得十利劒不若得
歐冶之巧得百走馬不若得伯樂之數樸至大者無
形狀道至眇者無度量故天之圓也不得規地之方
也不得矩往古來今謂之宙四方上下謂之宇道在

彼皆有道存
況治天下乎

其閒而莫知其所故其見不遠者不可與語大其智不閎者不可與論至昔者馮夷得道以潛大川鉗且得道以處崑崙扁鵲以治病造父以御馬羿以之射倕以之斵所爲者各異而所道者一也夫稟道以通物者無以相非也譬若同陂而溉田其受水均也而屠牛而烹其肉或以爲酸或以爲甘煎敖燎炙齊味萬方其本一牛之體伐楩枏豫樟而剖梨之或爲棺槨或爲柱梁披斷橃檖所用萬方然一木之樸也故百家之言指奏相反其合道一體也譬若絲竹金石

帝王治不同而道則一因革不計也

之會樂同也其曲家異而不失於體伯樂韓風秦牙管青所相各異其知馬一也故三皇五帝法籍殊方其得民心均也故湯入夏而用其法武王入殷而行其禮桀紂之所以亡而湯武之所以爲治故剞劂銷鋸陳非良工不能以制木鑪橐埵坊設非巧冶不能以治金屠牛吐一朝解九牛而刀以剃毛庖丁用刀十九年而刀如新剖硎何則游乎衆虛之間若夫規矩鉤繩者此巧之具也而非所以巧也故瑟無絃雖師文不能以成曲徒絃則不能悲故絃悲之具也而

道德非粗迹
亦猶此類

非所以爲悲也若夫工匠之爲連鐖運開陰閉眩錯入於冥冥之眇神調之極游乎心手衆虛之間而莫與物爲際者父不能以教子瞽師之放意相物寫神愈舞而形乎絃者兄不能以喻弟今夫爲平者準也爲直者繩也若夫不在於繩準之中可以平直者此不共之術也故叩宮而宮應彈角而角動此同音之相應也其於五音無所比而二十五絃皆應此不傳之道也故蕭條者形之君而寂漠者音之主也天下是非無所定世各是其所是而非其所非所謂是與

天下或有是禮義而非道德者

非各異皆自是而非人由此觀之事有合於已者而未始有是也有忤於心者而未始有非也故求是者非求道理也求合於已者也去非者非批邪施也去忤於心者也忤於我未必不合於人也合於我未必不非於俗也至是之是無非至非之非無是此眞是非也若夫是於此而非於彼非於此而是於彼者此之謂一是一非也此一是非隅曲也夫一是非宇宙也今吾欲擇是而居之擇非而去之不知世之所謂是非者不知孰是孰非老子曰治大國若烹小鮮爲

人見與自見不同

寬裕者曰勿數撓爲刻削者曰致其鹹酸而已矣晉平公出言而不當師曠舉琴而撞之跌衽宮壁左右欲塗之平公曰舍之以此爲寡人失孔子聞之曰平公非不痛其體也欲來諫者也韓子聞之曰群臣失禮而弗誅是縱過也有以也夫平公之不霸也故賓有見人於宓子者賓出宓子曰子之賓獨有三過望我而笑是攓也談語而不稱師是返也交淺而言深是亂也賓曰望君而笑是公也談語而不稱師是通也交淺而言深是忠也故賓之容一體也或以爲君

子或以爲小人所自視之異也故趣舍合即言忠而益親身疏即謀當而見疑親母爲其子治扢禿而血流至耳見者以爲其愛之至也使在於繼母則過者以爲嫉也事之情一也所從觀者異也從城上視牛如羊視羊如豕所居高也闚面於盤水則員於杯則隨面形不變其故有所員有所隨者所自闚之異也今吾雖欲正身而待物庸遽知世之所自窺我者乎若轉化而與世競走譬猶逃雨也無之而不濡常欲在於虛則有不能爲虛矣若夫不爲虛而自虛者此

張賓王曰精言

不能見而猗見聞亦此類也

所慕而不能致也故通於道者如車軸不運於已而與轂致千里轉無窮之原也不通於道者若迷惑告以東西南北所居聆聆一曲而辟然忽不得復迷惑也故終身隷於人辟若俔之見風也無須臾之間定矣故聖人體道反性不化以待化則幾於免矣治世之體易守也其事易爲也其禮易行也其責易償也是以人不兼官官不兼事士農工商鄉別州異是故農與農言力士與士言行工與工言巧商與商言數是以士無遺行農無廢功工無苦事商無折貨各安

其性不得相干故伊尹之興土功也修脛者使之踏钁强脊者使之負土眇者使之准傴者使之塗各有所宜而人性齊矣胡人便於馬越人便於舟異形殊類易事而悖失處而賤得勢而貴聖人總而用之其數一也夫先知遠見達視千里人才之隆也而治世不以責於民博聞強志口辯辭給人智之美也而明主不以求於下敖世輕物不汙於俗士之伉行也而治世不以爲民化神機陰閉剞劂無迹人巧之妙也而治世不以爲民業故萇弘師曠先知禍福言無遺

又言各適其宜之意

策而不可與衆同職也公孫龍折辯抗辭別同異離
堅白不可與衆同道也北人無擇非舜而自投清泠
之淵不可以爲世儀魯般墨子以木爲鳶而飛之三
日不集而不可使爲工也故高不可及者不可以爲
人量行不可逮者不可以爲國俗夫挈輕重不失銖
兩聖人弗用而縣之乎銓衡視高下不差尺寸明主
弗任而求之乎浣準何則人才不可專用而度量可
世傳也故國治可與愚守也而軍制可與權用也夫
待騕褭飛兎而駕之則世莫乘車待西施毛嬙而爲

道術可公行與度量之可傳一也

道德與禮義之實若日月室宅之居

配則終身不家矣然非待古之英俊而人自足者因所有而並用之夫騏驥千里一日而通駑馬十舍旬亦至之由是觀之人材不足專恃而道術可公行也亂世之法高爲量而罪不及重爲任而罰不勝危爲禁而誅不敢民困於三責則飾智而詐上犯邪而干免故雖峭法嚴刑不能禁其姦何者力不足也故諺曰鳥窮則噣獸窮則觕人窮則詐此之謂也道德之論譬猶日月也江南河北不能易其指馳騖千里不能易其處趍舍禮俗猶室宅之居也東家謂之西家

聖人盡道於己而聽之於時

西家謂之東家雖皐陶爲之理不能定其處故趍舍同誹譽在俗意行鈞窮達在時湯武之累行積善可及也其遭桀紂之世天授也今有湯武之意而無桀紂之時而欲成霸王之業亦不幾矣昔武王執戈秉鉞以伐紂勝殷搢笏杖殳以臨朝武王旣沒殷民叛之周公踐東宮履乘石攝天子之位負扆而朝諸侯放蔡叔誅管叔克殷殘商祀文王於明堂七年而致政成王夫武王先武而後文非意變也以應時也周公放兄誅弟非不仁也以匡亂也故事周於世則功

此即上文論
列聖之意

成務合於時則名立昔齊桓公合諸侯以乘車退誅
於國以斧鉞晉文公合諸侯以華車退行於國以禮
義桓公前柔而後剛文公前剛而後柔然而令行乎
天下權制諸侯均者審於勢之變也顏闔魯君欲相
之而不肯使人以幣先焉鑿培而遁之爲天下顯武
使遇商鞅申不害刑及三族又況身乎世多稱古之
人而高其行並世有與同者而弗知貴也非才下也
時弗宜也故六騏驥駟駃騠以濟江河不若窾木便
者處世然也是故立功之人簡於行而謹於時今世

此皆廣譬上意

俗之人以功成爲賢以勝患爲智以遭難爲愚以死節爲戇吾以爲各致其所極而巳王子比干非不知箕子被髮佯狂以免其身也然而樂直行盡忠以死節故不爲也伯夷叔齊非不能受祿任官以致其功也然而樂離世伉行以絕衆故不務也許由善卷非不能撫天下寧海內以德民也然而羞以物滑和故弗受也豫讓要離非不知樂家室安妻子以偷生也然而樂推誠行必以死主故不畱也今從箕子視比干則愚矣從比干視箕子則卑矣從管晏視伯夷則

戇矣從伯夷覩管晏則貪矣趨舍相非嗜欲相反而各樂其務將誰使正之曾子曰擊舟水中鳥聞之而高翔魚聞之而淵藏故所趨各異而皆得所便故惠子從車百乘以過孟諸莊子見之弃其餘魚鵜胡飲水數斗而不足鱓鮪入口若露而死智伯有三晉而欲不贍林類榮啟期衣若縣衰而意不慊由此觀之則趣行各異何以相非也夫重生者不以利害已立節者見難不苟免貪祿者見利不顧身而好名者非義不苟得此相爲論譬猶氷炭鈎繩也何時而合若

聖人治天下不屑屑狗是非之迹得中而已

以下皆論上之爲治下之民俗反覆言之

以聖人爲之中則兼覆而幷之未有可是非者也夫飛鳥主巢狐狸主穴巢者巢成而得棲焉穴者穴成而得宿焉趨舍行義亦人之所棲宿也各樂其所安致其所蹠謂之成人故以道論者總而齊之治國之道上無苛令官無煩治士無僞行工無淫巧其事經而不擾其器完不飾亂世則不然爲行者相揭以高爲禮者相矜以僞車輿極於雕琢器用逐於刻鏤求貨者爭難得以爲寶詆文者處煩撓以爲慧爭爲佹辯久積而不決無益於治工爲奇器歷歲而後成不

此皆以道爲治者

周於用故神農之法曰丈夫丁壯而不耕天下有受其饑者婦人當年而不織天下有受其寒者故身自耕妻親織以爲天下先其導民也不貴難得之貨不器無用之物是故其耕不強者無以養生其織不強者無以揜形有餘不足各歸其身衣食饒溢姦邪不生安樂無事而天下均平故孔丘曾參無所施其善孟賁成荆無所行其威衰世之俗以其知巧詐僞飾衆無用貴遠方之貨珍難得之財不積於養生之具澆天下之淳析天下之樸牿服馬牛以爲牢滑亂萬

民以清爲濁性命飛揚皆亂以營貞信漫瀾人失其情性於是乃有翡翠犀象黼黻文章以亂其目芻豢黍粱荆吴芬馨以嚂其口鍾鼓管簫絲竹金石以淫其耳趍舍行義禮節謗議以營其心於是百姓糜沸豪亂暮行逐利煩挐澆淺法與義相非行與利相反雖十管仲弗能治也且富人則車輿衣纂錦馬飾傳旄象帷幕茵席綺繡條組青黄相錯不可爲象貧人則夏被褐帶索唅菽飲水以充腸以支暑熱冬則羊裘解札短褐不掩形而煬竈口故其爲編户齊民無

不務本而務末無益於治

以異然貧富之相去也猶人君與僕虜不足以論之夫乘奇技僞邪施者自足乎一世之間守正修理不苟得者不免乎饑寒之患而欲民之去末反本由是發其原而壅其流也夫雕琢刻鏤傷農事者也錦繡纂組害女工者也農事廢女工傷則饑之本而寒之原也夫饑寒並至能不犯法干誅者古今之未聞也故仕鄙在時不在行利害在命不在智夫敗軍之卒勇武遁逃將不能止也勝軍之陳怯者死行懼不能走也故江河決沉一鄉父子兄弟相遺而走爭升陵

此民自然之性宜順而治之

又以治亂結出本旨

阪上高丘輕足先升不能相顧也世樂志平見鄰國之人溺尚猶哀之又況親戚乎故身安則恩及鄰國志爲之滅身危則忘其親戚而人不能解也游者不能拯溺手足有所急也灼者不能救火身體有所痛也夫民有餘即讓不足則爭讓則禮義生爭則暴亂起扣門求水莫弗與者所饒足也林中不賣薪湖上不鬻魚所有餘也故物豐則欲省求贍則爭止秦王之時或人葅子利不足也劉氏持政獨夫收孤財有餘也故世治則小人守政而利不能誘也世亂則君

子爲姦。而法弗能禁也。

張賓王曰此篇最爲沓複細尋之亦自有條緒齊材長短齊論是非齊世污隆然要歸虛一以不齊齊之而總於道文特博贍

張賓王曰雜引百氏證以道德妙麗精深且多格言標品如一

淮南鴻烈解卷十二

道應訓

太清問於無窮曰子知道乎無窮曰吾弗知也又問於無爲曰子知道乎無爲曰吾知道子之知道亦有數乎無爲曰吾知道有數曰其數奈何無爲曰吾知道之可以弱可以強可以柔可以剛可以陰可以陽可以窈可以明可以包裹天地可以應待無方此吾所以知道之數也太清又問於無始曰鄉者吾問道於無窮曰吾弗知之又問於無爲無爲曰吾知道曰

以前是一冐
後歷舉其事

子之知道亦有數乎無爲曰吾知道有數曰其數奈何無爲曰吾知道之可以弱可以强可以柔可以剛可以陰可以陽可以窈可以明可以包裹天地可以應待無方吾所以知道之數也若是則無爲知與無窮之弗知孰是孰非無始曰弗知之深而知之淺弗知內而知之外弗知精而知之粗太清仰而嘆曰然則不知乃知邪知乃不知邪孰知知之爲弗知弗知之爲知邪無始曰道不可聞聞而非也道不可見見而非也道不可言言而非也孰知形之不形者乎故

証以老言至終篇皆不出剛柔強弱晦明等意

張賓王曰渺論沁心

老子曰天下皆知善之爲善斯不善也故知者不言言者不知也白公問於孔子曰人可以微言孔子不應白公曰若以石投水中何如曰吳越之善沒者能取之矣曰若以水投水何如孔子曰菑澠之水合易牙嘗而知之白公曰然則人固不可與微言乎孔子曰何謂不可誰知言之謂者乎夫知言之謂者不以言言也爭魚者濡逐獸者趨非樂之也故至言去言至爲無爲夫淺知之所爭者末矣白公不得也故死於浴室故老子曰言有宗事有君夫唯無知是以不

此是一証全要歛藏意

張賓王曰巧喻

吾知也白公之謂也惠子爲惠王爲國法已成而示
諸先生先生皆善之奏之惠王惠王甚説之以示翟
煎曰善惠王曰善可行乎翟煎曰不可惠王曰善而
不可行何也翟煎對曰今夫舉大木者前呼邪許後
亦應之此舉重勸力之歌也豈無鄭衛激楚之音哉
然而不用者不若此其宜也治國有禮不在文辯故
老子曰法令滋彰盜賊多有此之謂也田駢以道術
説齊王王應之曰寡人所有齊國也道術難以除患
願聞國之政田駢對曰臣之言無政而可以爲政譬

此見法術不必用

之若林木無材而可以爲材願王察其所謂而自取齊國之政焉已雖無除其患害天地之間六合之內可陶冶而變化也齊國之政何足問哉此老聃之所謂無狀之狀無物之象者也若王之所問者齊也田駢所稱者材也材不及林林不及雨雨不及陰陽陰陽不及和和不及道白公勝得荆國不能以府庫分人七日石乙入曰不義得之又不能布施患必至矣不能予人不若焚之毋令人害我白公弗聽也九日葉公入乃發大府之貨以予衆出高庫之兵以賦民

郎和光忍辱
意能忍故勝
人

因而攻之十有九日而擒白公夫國非其有也而欲
有之可謂至貪也不能爲人又無以自爲可謂至愚
矣譬白公之嗇也何以異於梟之愛其子也故老子
曰持而盈之不如其已揣而鋭之不可長保也趙簡
子以襄子爲後董閼于曰無䘏賤今以爲後何也簡
子曰是爲人也能爲社稷忍羞異日知伯與襄子飲
而批襄子之首大夫請殺之襄子曰先君之立我也
曰能爲社稷忍羞豈曰能刺人哉處十月知伯圍襄
子於晉陽襄子疏隊而擊之大敗知伯破其首以爲

道不可以外求

飲器故老子曰知其雄守其雌其爲天下谿齧缺問
道於被衣被衣曰正女形壹女視天和將至攝女知
正女度神將來舍德將來附若美而道將爲女居惷
乎若新生之犢而無求其故言未卒齧缺繼以讐夷
被衣行歌而去曰形若槁骸心如死灰直實不知以
故自持墨墨恢恢無心可與謀彼何人哉故老子曰
明白四達能無以知乎趙襄子攻翟而勝之尤人終
人使者來謁之襄子方將食而有憂左右曰一朝而
兩城下此人之所喜也今君有憂色何也襄子曰江

能持盈故能處勝

河之大也不過三日飄風暴雨日中不須臾今趙氏之德行無所積今一朝兩城下亡其及我乎孔子聞之曰趙氏其昌乎夫憂所以爲昌也而喜所以爲亡也勝非其難者也賢主以此持勝故其福及後世齊楚吳越皆嘗勝矣然而卒取亡焉不通乎持勝也唯有道之主能持勝孔子勁杓國門之關而不肯以力聞墨子爲守攻公輸般服而不肯以兵知善持勝者以强爲弱故老子曰道冲而用之又弗盈也惠孟見宋康王蹀足謦欬疾言曰寡人所說者勇有功也不

剛强所不用

說爲仁義者也客將何以教寡人惠孟對曰臣有道於此人雖勇刺之不入雖巧有力擊之不中大王獨無意邪宋王曰善此寡人之所欲聞也惠孟曰夫刺之而不入擊之而不中此猶辱也臣有道於此使人雖有勇弗敢刺雖有力不敢擊夫不敢刺不敢擊非無其意也臣有道於此使人本無其意也夫無其意未有愛利之心也臣有道於此使天下丈夫女子莫不歡然皆欲愛利之心此其賢於勇有力也四累之上也大王獨無意邪宋王曰此寡人所欲得也惠孟

無為而無不為道也

對曰孔墨是已孔丘墨翟無地而爲君無官而爲長天下丈夫女子莫不延頸舉踵而願安利之者今大王萬乘之主也誠有其志則四境之内皆得其利矣賢於孔墨也遠矣宋王無以應惠盎出宋王謂左右曰辯矣客之以說勝寡人也故老子曰勇於不敢則活由此觀之大勇反爲不勇耳昔堯之佐九人舜之佐七人武王之佐五人堯舜武王於九七五者不能一事焉然而垂拱受成功焉善乘人之資也故人與驥逐走則不勝驥託於車上則驥不能勝北方有獸

其名曰蹷鼠前而兔後趨則頓走則顛常爲蛩蛩駏
驉虛取甘草以與之蹷有患害蛩蛩駏驉必負而走
此以其能託其所不能故老子曰夫代大匠斲者希
不傷其手薄疑說衛嗣君以王術嗣君應之曰予所
有者千乘也願以受教薄疑對曰烏獲舉千鈞又況
一斤乎杜赫以安天下說周昭文君文君謂杜赫曰
願學所以安周赫對曰臣之所言不可則不能安周
臣之所言可則周自安矣此所謂弗安而安者也故
老子曰大制無割故致數輿無輿也魯國之法魯人

綴此一節道當爲可繼意

勝人非自保之道

爲人妾於諸侯有能贖之者取金於府子贛贖魯人於諸侯來而辭不受金孔子曰賜失之矣夫聖人之舉事也可以移風易俗而受教順可施後世非獨以適身之行也今國之富者寡而貧者衆贖而受金則爲不廉不受金則不復贖人自今以來魯人不復贖人於諸侯矣孔子亦可謂知禮矣故老子曰見小曰明魏武侯問於李克曰吳之所以亡者何也李克對曰數戰而數勝武侯曰數戰數勝國之福其獨以亡何故也對曰數戰則民罷數勝則主憍以憍主使罷

民而國不亡者天下鮮矣憍則恣恣則極物罷則怨
怨則極慮上下俱極吳之亡猶晚此夫差之所以自
剄於干遂也故老子曰功成名遂身退天之道也甯
越欲干齊桓公困窮無以自達於是爲商旅將任車
以商於齊暮宿於郭門之外桓公郊迎客夜開門辟
任車爝火甚盛從者甚衆甯越飯牛車下望見桓公
而悲擊牛角而疾商歌桓公聞之撫其僕之手曰異
哉歌者非常人也命後車載之桓公及至從者以請
桓公贛之衣冠而見說以爲天下桓公大說將任之

張賓王曰快哉乎王者之度

此用人之道有國者所當知

群臣爭之曰客衛人也衛之去齊不遠君不若使人問之問之而故賢者也用之未晚桓公曰不然問之患其有小惡也以人之小惡而忘人之大美此人主之所以失天下之士也凡聽必有驗一聽而弗復問合其所以也且人固難合也權而用其長者而已矣當是舉也桓公得之矣故老子曰天大地大道大王亦大域中有四大而王處其一焉以言其能包裹之也大王亶父居邠翟人攻之事之以皮帛珠玉而弗受曰翟人之所求者地無以財物爲也大王亶父曰

與人之兄居而殺其弟與人之父處而殺其子吾弗爲皆勉處矣爲吾臣與翟人奚以異且吾聞之也不以其所養害其養杖策而去民相連而從之遂成國於岐山之下大王亶父可謂能保生矣雖富貴不以養傷身雖貧賤不以利累形今受其先人之爵祿則必重失之所自來者久矣而輕失之豈不惑哉故老子曰貴以身爲天下則可以託天下愛以身爲天下乃可以寄天下矣中山公子牟謂詹子曰身處江海之上心在魏闕之下爲之奈何詹子曰重生重生則

自太王至此皆反道於身意

輕利中山公子牟曰雖知之猶不能自勝詹子曰不能自勝則從之從之神無怨乎不能自勝而强弗從者此之謂重傷重傷之人無壽類矣故老子曰知和曰常知常曰明益生曰祥心使氣曰强是故用其光復歸其明也楚莊王問詹何曰治國奈何對曰何明於治身而不明於治國楚王曰寡人得立宗廟社稷願學所以守之詹何對曰臣未嘗聞身治而國亂者也未嘗聞身亂而國治者也故本任於身不敢對以末楚王曰善故老子曰脩之身其德乃真也桓公讀

道在於精不在於粗

書於堂輪人斲輪於堂下釋其椎鑿而問桓公曰君之所讀書者何書也桓公曰聖人之書輪扁曰其人在焉桓公曰已死矣輪扁曰是直聖人之糟粕耳桓公悖然作色而怒曰寡人讀書工人焉得而譏之哉有說則可無說則死輪扁曰然有說臣試以臣之斲輪語之大疾則苦而不入大徐則甘而不固不甘不苦應於手厭於心而可以至妙者臣不能以教臣之子而臣之子亦不能得之於臣是以行年七十老而爲輪今聖人之所言者亦以懷其實窮而死獨其糟

宋君不知道

粕在耳故老子曰道可道非常道名可名非常名昔
者司城子罕相宋謂宋君曰夫國家之安危百姓之
治亂在君行賞罰夫爵賞賜予民之所好也君自行
之殺戮刑罰民之所惡也臣請當之宋君曰善寡人
當其美子受其惡寡人自知不爲諸侯笑矣國人皆
知殺戮之專制在子罕也大臣親之百姓畏之居不
至期年子罕遂劫宋君而專其政故老子曰魚不可
脫於淵國之利器不可以示人王壽負書而行見徐
馮於周徐馮曰事者應變而動變生於時故知時者

書亦粗也

庶幾知自保之道

無常行書者言之所出也言出於知者知者藏書於是王壽乃焚書而舞之故老子曰多言數窮不如守中令尹子佩請飲莊王莊王許諾子佩疏揖北面立於殿下曰昔者君王許之今不果往意者臣有罪乎莊王曰吾聞子具於強臺強臺者南望料山以臨方皇左江而右淮其樂忘死若吾薄德之人不可以當此樂也恐留而不能反故老子曰不見可欲使心不亂晉公子重耳出亡過曹無禮焉釐負羈之妻謂釐負羈曰君無禮於晉公子吾觀其從者皆賢人也若

柔制剛弱制強明明說出

以相夫子反晉國必伐曹子何不先加德焉釐負羈遺之壺飧而加璧焉重耳受其飧而反其璧及其反國起師伐曹剋之令三軍無入釐負羈之里故老子曰曲則全枉則直越王勾踐與吳戰而不勝國破身亡困於會稽忿心張膽氣如涌泉選練甲卒赴火若滅然而請身爲臣妻爲妾親執戈爲吳兵先馬走果擒之於干遂故老子曰柔之勝剛也弱之勝強也天下莫不知而莫之能行越王親之故霸中國趙簡子死未葬中牟入齊已葬五日襄子起兵攻圍之未合

此段議論大都斷輪者相似

而城自壞者十丈襄子擊金而退之軍吏諫曰君誅中牟之罪而城自壞是天助我何故去之襄子曰吾聞之叔向曰君子不乘人於利不迫人於險使之治城城治而後攻之中牟聞其義乃請降故老子曰夫唯不爭故天下莫能與之爭秦繆公請伯樂曰子之年長矣子姓有可使求馬者乎對曰良馬者可以形容筋骨相也相天下之馬者若滅若失若亡其一若此馬者絕塵弭轍臣之子皆下材也可告以良馬而不可告以天下之馬臣有所與供儋纏采薪者九方

於道也亦然故知之難行之益難

堙此其於馬非臣之下也請見之穆公見之使之求馬三月而反報曰已得馬矣在於沙丘穆公曰何馬也對曰牡而黄使人往取之牝而驪穆公不說召伯樂而問之曰敗矣子之所使求者毛物牝牡弗能知又何馬之能知伯樂喟然大息曰一至此乎是乃其所以千萬臣而無數者也若堙之所觀者天機也得其精而忘其粗在內而忘其外見其所見而不見其所不見視其所視而遺其所不視若彼之所相者乃有貴乎馬者馬至而果千里之馬故老子曰大直若

屈大巧若拙吳起爲楚令尹適魏問屈宜若曰王不知起之不肖而以爲令尹先生試觀起之爲人也屈子曰將奈何吳起曰將衰楚國之爵而平其制祿損其有餘而綏其不足砥礪甲兵時爭利於天下屈子曰宜若聞之昔善治國家者不變其故不易其常今子將衰楚國之爵而平其制祿損其有餘而綏其不足是變其故易其常也行之者不利宜若聞之曰怒者逆德也兵者凶器也爭者人之所本也今子陰謀逆德好用凶器始人之所本逆之至也且子用魯兵

不宜得志於齊而得志焉子用魏兵不宜得志於秦
而得志焉宜若聞之非禍人不能成禍吾固惑吾王
之數逆天道戾人理至今無禍差須夫子也吳起惕
然曰尚可更乎屈子曰成形之徒不可更也子不若
敦愛而篤行之老子曰挫其銳解其紛和其光同其
塵晉伐楚三舍不止大夫請擊之莊王曰先君之時
晉不伐楚及孤之身而晉伐楚是孤之過也若何其
辱羣大夫曰先臣之時晉不伐楚今臣之身而晉伐
楚此臣之罪也請三擊之王俛而泣涕沾襟起而拜

吴起之禍宋景之福道可

羣大夫晉人聞之曰君臣爭以過爲在巳且輕下其臣不可伐也夜還師而歸老子曰能受國之垢是謂社稷主宋景公之時熒惑在心公懼召子韋而問焉曰熒惑在心何也子韋曰熒惑天罰也心宋分野禍且當君雖然可移於宰相公曰宰相所使治國家也而移死焉不祥子韋曰可移於民公曰民死寡人誰爲君乎寧獨死耳子韋曰可移於歲公曰歲民之命歲饑民必死矣爲人君而欲殺其民以自活也其誰以我爲君者乎是寡人之命固巳盡矣子韋無復言

知矣應可知矣

矣子韋還走北面再拜曰敢賀君天之處高而聽卑
君有君人之言三天必有三賞君今夕星必徙三舍
君延年二十一歲公曰子奚以知之對曰君有君人
之言三故有三賞星必三徙舍舍行七里三七二十
一故君移年二十一歲臣請伏於陛下以伺之星不
徙臣請死之公曰可是夕也星果三徙舍故老子曰
能受國之不祥是謂天下王昔者公孫龍在趙之時
謂弟子曰人而無能者龍不與遊有客衣褐帶索
而見曰臣能呼公孫龍顧謂弟子曰門下故有能呼

即前取人不責備意

即前能處勝持盈意

者乎。對曰。無有。公孫龍曰。與之弟子之籍。後數日。往說燕王。至於河下而航在一汜。使善呼之。一呼而航來。故曰。聖人之處世。不逆有伎能之士。故老子曰。人無棄人。物無棄物。是謂襲明。子發攻蔡。踰之。宣王郊迎。列田百頃而封之執圭。子發辭不受。曰。治國立政。諸侯入賓。此君之德也。發號施令。師未合而敵遁。此將軍之威也。兵陳戰而勝敵者。此庶民之力也。夫乘民之功勞而取其爵祿者。非仁義之道也。故辭而弗受。故老子曰。功成而不居。夫唯不居。是以不去。晉文

愈進愈深

公伐原與大夫期三日三日而原不降文公令去之軍吏以原不過一二日將降矣君曰吾不知原三日而不可得下也以與大夫期盡而不罷失信得原吾弗爲也原人聞之曰有君若此可弗降也遂降溫人聞亦請降故老子曰窈兮冥兮其中有精其精甚眞其中有信故美言可以市尊美行可以加人公儀休相魯而嗜魚一國獻魚公儀子不受其弟子諫曰夫子嗜魚弗受何也答曰夫唯嗜魚故弗受夫受魚而免於相雖嗜魚不能自給魚毋受魚而不免於相則

能長自給魚此明於爲人爲巳者也故老子曰後其
身而身先外其身而身存非以其無私邪故能成其
私一曰知足不辱狐丘丈人謂孫叔敖曰人有三怨
子知之乎孫叔敖曰何謂也對曰爵高者士妬之官
大者主惡之祿厚者怨處之孫叔敖曰吾爵益高吾
智益下吾官益大吾心益小吾祿益厚吾施益博是
以免三怨可乎故老子曰貴必以賤爲本高必以下
爲基大司馬捶鉤者年八十矣而不失鉤芒大司馬
曰子巧邪有道邪曰臣有守也臣年二十好捶鉤於

惟其謙下故能自保

道以久而後得

物無視也非鈎無察也是以用之者必假於弗用也而以長得其用而況持不用者乎物孰不濟焉故老子曰從事於道者同於道文王砥德修政三年而天下二垂歸之紂聞而患之曰余夙與夜寐與之競行則苦心勞形縱而置之恐伐余一人崇侯虎曰周伯昌行仁義而善謀太子發勇敢而不疑中子旦恭儉而知時若與之從則不堪其殃縱而赦之身必危亡冠雖弊必加於頭及未成請圖之屈商乃拘文王於羑里於是散宜生乃以千金求天下之珍怪得騶虞

聖人自無死地非老氏説也

雞斯之乘玄玉百工大貝百朋玄豹黄羆青豻白虎文皮千合以獻於紂因費仲而通紂見而説之乃免其身殺牛而賜之文王歸乃爲玉門築靈臺相女童擊鍾鼓以待紂之失也紂聞之曰周伯昌改道易行吾無憂矣乃爲炮烙剖比干剔孕婦殺諫者文王乃遂其謀故老子曰知其榮守其辱爲天下谷成王問政於尹佚曰吾何德之行而民親其上對曰使之時而敬順之王曰其度安至曰如臨深淵如履薄氷王曰懼哉王人乎尹佚曰天地之間四海之内善之則

此見道之無往不在

吾畜也不善則吾讐也昔夏商之臣反讐桀紂而臣湯武宿沙之民皆自攻其君而歸神農此世之所明知也如何其無懼也故老子曰人之所畏不可不畏也跖之徒問跖曰盜亦有道乎跖曰奚適其無道也夫意而中藏者聖也入先者勇也出後者義也分均者仁也知可否者智也五者不備而能成大盜者天下無之由此觀之盜賊之心必託聖人之道而後可行故老子曰絕聖棄智民利百倍楚將子發好求技道之士楚有善爲偷者往見曰聞君求技道之士臣

偷也。願以技齎一卒。子發聞之，衣不給帶，冠不暇正，
出見而禮之。左右諫曰：偷者，天下之盜也，何爲之禮？
君曰：此非左右之所得與。後無幾何，齊興兵伐楚，子
發將師以當之，兵三却。楚賢良大夫皆盡其計而悉
其誠，齊師愈強。於是市偷進請曰：臣有薄技，願爲君
行之。子發曰：諾。不問其辭而遣之。偷則夜解齊將軍
之幬帳而獻之。子發因使人歸之，曰：卒有出薪者，得
將軍之帷，使歸之於執事。明又復往取其枕，子發又
使人歸之。明日又復往取其簪，子發又使歸之。齊師

此見其深於道然非所以論回也

聞之大駭將軍與軍吏謀曰今日不去楚君恐取吾頭乃還師而去故曰無細而能薄在人君用之耳故老子曰不善人善人之資也顏回謂仲尼曰回益矣仲尼曰何謂也曰回忘禮樂矣仲尼曰可矣猶未也異日復見曰回益矣仲尼曰何謂也曰回忘仁義矣仲尼曰可矣猶未也異日復見曰回坐忘矣仲尼遽然曰何謂坐忘顏回曰隳支體黜聰明離形去知洞於化通是謂坐忘仲尼曰洞則無善也化則無常矣而夫子薦賢丘請從之後故老子曰載營魄抱一能

無離乎專氣至柔能如嬰兒乎秦穆公興師將以襲鄭蹇叔曰不可臣聞襲國者以車不過百里以人不過三十里爲其謀未及發泄也甲兵未及銳弊也糧食未及乏絶也人民未及罷病也皆以其氣之高與其力之盛至是以犯敵能威今行數千里又數絶諸侯之地以襲國臣不知其可也君重圖之穆公不聽蹇叔送師衰絰而哭之師遂行過周而東鄭賈人弦高矯鄭伯之命以十二牛勞秦師而賓之三帥乃懼而謀曰吾行數千里以襲人未至而人已知之其備

秦穆始不知道終而能悔故見稱於書

必先成不可襲也還師而去當此之時晉文公適薨未葬先軫言於襄公曰昔吾先君與穆公交天下莫不聞諸侯莫不知今吾君薨未葬而不弔吾喪而不假道是死吾君而弱吾孤也請擊之襄公許諾先軫舉兵而與秦師遇於殽大破之擒其三帥以歸穆公聞之素服廟臨以説於衆故老子曰知而不知尚矣不知而知病也齊王后死王欲置后而未定使羣臣議薛公欲中王之意因獻十珥而美其一旦日因問美珥之所在因勸立以爲王后齊王大説遂尊重薛

道不可使人窺

公故人主之意欲見於外則爲人臣之所制故老子曰塞其兑閉其門終身不勤盧敖游乎北海經乎太陰入乎玄闕至於蒙穀之上見一士焉深目而玄鬢淚注而鳶肩豐上而殺下軒軒然方迎風而舞顧見盧敖慢然下其臂遯逃乎碑盧敖就而視之方倦龜殼而食蛤梨盧敖與之語曰唯敖爲背羣離黨窮觀於六合之外者非敖而已乎敖幼而好游至長不渝周行四極唯北陰之未闚今卒睹夫子於是子殆可與敖爲友乎若士者齤然而笑曰嘻子中州之民寧

肯而遠至此此猶光乎日月而載列星陰陽之所行
四時之所生其比夫不名之地猶窔奧也若我南游
乎岡㝗之野北息乎沉墨之鄉西窮窅冥之黨東開
鴻濛之先此其下無地而上無天聽焉無聞視焉無
矚此其外猶有汰沃之汜其餘一舉而千萬里吾猶
未能之在今子游始於此乃語窮觀豈不亦遠哉然
子處矣吾與汗漫期於九垓之外吾不可以久駐若
士舉臂而竦身遂入雲中盧敖仰而視之弗見乃止
駕止柸治悖若有喪也曰吾比夫子猶黃鵠與壤蟲

所見不同而道因之得失

所尚亦有不同

也終日行不離咫尺而自以爲遠豈不悲哉故莊子曰小人不及大人小知不及大知朝菌不知晦朔蟪蛄不知春秋此言明之有所不見也季子治亶父三年而巫馬期絻衣短褐易容貌往觀化焉見得魚釋之巫馬期問曰凡子所爲魚者欲得也今得而釋之何也漁者對曰季子不欲人取小魚也所得者小魚是以釋之巫馬期歸以報孔子曰季子之德至矣使人闇行若有嚴刑在其側者季子何以至於此孔子曰丘嘗聞之以治言曰誠於此者刑於彼季子必行

罔兩光耀本莊子寓言又引以証莊老之言如夢中說夢

此術也故老子曰去彼取此罔兩問於景曰昭昭者神明也景曰非也罔兩曰子何以知之景曰扶桑受謝日照宇宙昭昭之光輝燭四海闔戶塞牖則無由入矣若神明四通並流無所不及上際於天下蟠於地化育萬物而不可爲象俛仰之間而撫四海之外昭昭何足以明之故老子曰天下之至柔馳騁天下之至堅光耀問於無有曰子果有乎其果無有乎無有弗應也光耀不得問而就視其狀貌冥然忽然視之不見其形聽之不聞其聲搏之不可得望之不可

道不在形影之末故知貴忘外而入內

極也光耀曰貴矣哉孰能至於此乎予能有無矣未能無無也及其爲無無又何從至於此哉故老子曰無有入于無間吾是以知無爲之有益也白公勝慮亂罷朝而立到杖策錣上貫頤血流至地而弗知也鄭人聞之曰頤之忘將何不忘哉此言精神之越於外智慮之蕩於內則不能漏理其形也是故神之所用者遠則所遺者近也故老子曰不出戶以知天下不窺牖以見天道其出彌遠其知彌少此之謂也秦皇帝得天下恐不能守發邊戍築長城脩關梁設障

周秦之脩短其知有遠近大小歟

塞具傳車置邊吏然劉氏奪之若轉閉鍾昔武王伐紂破之牧野乃封比干之墓表商容之閭柴箕子之門朝成湯之廟發鉅橋之粟散鹿臺之錢破鼓折枹弛弓絕絃去舍露宿以示平易解劍帶笏以示無仇於此天下歌謠而樂之諸侯執幣相朝三十四世不奪故老子曰善閉者無關鍵而不可開也善結者無繩約而不可解也尹需學御三年而無得焉私自苦痛常寢想之中夜夢受秋駕於師明日往朝師望之謂之曰吾非愛道於子也恐子不可予也今日教子

以秋駕尹需反走北面再拜曰臣有天幸今夕固夢受之故老子曰致虚極守静篤萬物並作吾以觀其復也昔孫叔敖三得令尹無喜志三去令尹無憂色延陵季子吴人願一以爲王而不肯許由讓天下而弗受晏子與崔杼盟臨死地不變其儀此皆有所遠通也精神通於死生則物孰能惑之荆有佽非得寶劍於干隊還反度江至於中流陽侯之波兩蛟俠繞其船佽非謂枻船者曰嘗有如此而得活者乎對曰未嘗見也於是佽非瞑目敎然攘臂拔劍曰武士可

此亦寓言也求道者亦若此類有不得者乎

以仁義之禮説也不可劫而奪也此江中之腐肉朽骨棄劒而已余有奚愛焉赴江刺蛟遂斷其頭船中人盡活風波畢除荆爵爲執圭孔子聞之曰夫善載腐肉朽骨棄劒者佽非之謂乎故老子曰夫唯無以生爲者是賢於貴生焉齊人淳於髡以從説魏王魏王辯之約車十乘將使荆辭而行人以爲從未足也復以衡説其辭若然魏王乃止其行而疏其身失從心志而有不能成衡之事是其所以固也夫言有宗事有本失其宗本技能雖多不若其寡也故周鼎著

執一而不通者不能知道張賓王曰破拘士之胸目

倕而使齕其指先王以見大巧之不可也故愼子曰匠人知爲門能以門所以不知門也故必杜然後能門墨者有田鳩者欲見秦惠王約車申轅留於秦周年不得見客有言之楚王者往見楚王楚王甚悅之予以節使於秦至因見予之將軍之節惠王甚說之出舍喟然而歎告從者曰吾留秦三年不得見不識道之可以從楚也物故有近之而遠遠之而近者故大人之行不掩以繩至所極而已矣此所謂筦子梟飛而維繩者豐水之深千仞而不受塵垢投金鐵鍼

張賓王曰鄜奇士之肺腸

明察炫於外道所不貴晏子得之

焉則形見於外非不深且清也魚鼈龍蛇莫之肯歸也是故石上不生五穀秃山不游麋鹿無所陰蔽隱也昔趙文子問於叔向曰晋六將軍其孰先亡乎對曰中行知氏文子曰何乎對曰其爲政也以苛爲察以切爲明以刻下爲忠以計多爲功譬之猶鄜革者也鄜之大則大矣裂之道也故老子曰其政悶悶其民醇醇其政察察其民缺缺景公謂太卜曰子之道何能對曰能動地晏子往見公公曰寡人問太卜曰子之道何能對曰能動地地可動乎晏子默然不對

忠孝之名不得已而有之道則無事於此而相忘耳

出見太卜曰昔吾見句星在房心之間地其動乎太卜曰然晏子出太卜走往見公曰臣非能動地地固將動也田子陽聞之曰晏子默然不對者不欲太卜之死往見太卜者恐公之欺也晏子可謂忠於上而惠於下矣故老子曰方而不割廉而不劌魏文侯觴諸大夫於曲陽飲酒酣文侯喟然嘆曰吾獨無豫讓以爲臣子蹇重舉白而進之曰請浮君君曰何也對曰臣聞之有命之父母不知孝子有道之君不知忠臣夫豫讓之君亦何如哉文侯受觴而飲釂不獻曰

此其本旨

無管仲鮑叔以爲臣故有豫讓之功故老子曰國家昏亂有忠臣孔子觀桓公之廟有器焉謂之宥巵孔子曰善哉予得見此器顧曰弟子取水水至灌之其中則正其盈則覆孔子造然革容曰善哉持盈者乎子貢在側曰請問持盈曰益而損之曰何謂益而損之曰夫物盛而衰樂極則悲日中而移月盈而虧是故聰明睿智守之以愚多聞博辯守之以儉武力毅勇守之以畏富貴廣大守之以陋德施天下守之以讓此五者先王所以守天下而弗失也反此五者未

嘗不危也故老子曰保此道者不欲盈夫唯不盈故能獘而不新成武王問太公曰寡人伐紂天下是臣殺其主而下伐其上也吾恐後世之用兵不休鬬爭不已爲之奈何太公曰甚善王之問也夫未得獸者唯恐其創之小也已得之唯恐傷肉之多也王若欲久持之則塞民於兊道全爲無用之事煩擾之教彼皆樂其業佚其情昭昭而道冥冥於是乃去其瞀而載之木解其劒而帶之笏爲三年之喪令類不蕃高辭卑讓使民不爭酒肉以通之竽瑟以娛之鬼神以

帝王之道恐不如此

張賔王曰卒乎無名

畏之繁文滋禮以弇其質厚葬久喪以亶其家含珠鱗施綸組以貧其財深鑿高壟以盡其力家貧族少慮患者寡以此移風可以持天下弗失故老子曰化而欲作吾將鎮之以無名之樸也

茅鹿門曰此篇大段以弱為强以柔為剛以晦為明不飾於外而求諸内不必勝人而能反己以淵默為道而天下服之為應

張賔王曰段段解老法自韓非中揀管莊二段

張賓王曰文氣渾大雄駿

上古如此若民風不改聖人何事於許多制度

淮南鴻烈解卷十三

氾論訓

古者有鍪而綣領以王天下者矣其德生而不辱予而不奪天下不非其服同懷其德當此之時陰陽和平風雨時節萬物蕃息烏鵲之巢可俯而探也禽獸可羈而從也豈必褒衣博帶句襟委章甫哉古者民澤處復穴冬日則不勝霜雪霧露夏日則不勝暑熱蚉虻聖人乃作爲之築土構木以爲宮室上棟下宇以蔽風雨以避寒暑而百姓安之伯余之初作衣也

緂麻索縷手經指挂其成猶網羅後世爲之機杼勝複以便其用而民得以揜形御寒古者剡耜而耕摩蜃而耨木鉤而樵抱甀而汲民勞而利薄後世爲之耒耜耰鉏斧柯而樵桔皐而汲民逸而利多焉古者大川名谷衝絕道路不通往來也乃爲窬木方版以爲舟航故地勢有無得相委輸乃爲靻蹻而超千里肩負儋之勤也而作爲之楺輪建輿駕馬服牛民以致遠而不勞爲鷙禽猛獸之害傷人而無以禁御也而作爲之鑄金鍛鐵以爲兵刃猛獸不能爲害故民

聖人因時制
宜何待古法
後皆極論此
意

迫其難則求其便困其患則操其備人各以其所知去其所害就其所利常故不可循器械不可因也則先王之法度有移易者矣古之制婚禮不稱主人舜不告而娶非禮也立子以長文王舍伯邑考而用武王非制也禮三十而娶文王十五而生武王非法也夏后氏殯於阼階之上殷人殯於兩楹之間周人殯於西階之上此禮之不同者也有虞氏用瓦棺夏后氏堲周殷人用槨周人牆置翣此葬之不同者也夏后氏祭於闇殷人祭於陽周人祭於日出以朝此祭

此即三代不同禮五帝不沿樂意

之不同者也堯大章舜九韶禹大夏湯大濩周武象
此樂之不同者也故五帝異道而德覆天下三王殊
事而名施後世此皆因時變而制禮樂者譬猶師曠
之施瑟柱也所推移上下者無寸尺之度而靡不中
音故通於禮樂之情者能作音有本主於中而以知
榘䂓之所周者也魯昭公有慈母而愛之死爲之練
冠故有慈母之服陽侯殺蓼侯而竊其夫人故大饗
廢夫人之禮先王之制不宜則廢之末世之事善則
著之是故禮樂未始有常也故聖人制禮樂而不制

此立論本旨

於禮樂治國有常而利民爲本政教有經而令行爲上苟利於民不必法古苟周於事不必循舊夫夏商之衰也不變法而亡三代之起也不相襲而王故聖人法與時變禮與俗化衣服器械各便其用法度制令各因其宜故變古未可非而循俗未足多也百川異源而皆歸於海百家殊業而皆務於治王道缺而詩作周室廢禮義壞而春秋作詩春秋學之美者也皆衰世之造也儒者循之以教導於世豈若三代之盛哉以詩春秋爲古之道而貴之又有未作詩春秋

不襲常而變通所謂道也

之時夫道其缺也不若道其全也誦先王之詩書不若聞得其言聞得其言不若得其所以言得其所以言者言弗能言也故道可道者非常道也周公事文王也行無專制事無由巳身若不勝衣言若不出口有奉持於文王洞洞屬屬如將不勝恐失之可謂能子矣武王崩成王幼少周公繼文王之業履天子之籍聽天下之政平夷狄之亂誅管蔡之罪負扆而朝諸侯誅賞制斷無所顧問威動天地聲懾海內可謂能武矣成王既壯周公屬籍致政北面委質而臣事

聖人一身而三變況治天下時移勢改其可執乎

事即道之所行道有定理事無定用

之請而後爲復而後行無擅恣之志無伐矜之色可謂能臣矣故一人之身而三變者所以應時矣何況乎君數易世國數易君人以其位達其好憎以其威勢供嗜欲而欲以一行之禮一定之法應時偶變其不能中權亦明矣故聖人所由曰道所爲曰事道猶金石一調不更事猶琴瑟每絃改調故法制禮義者治人之具也而非所以爲治也故仁以爲經義以爲紀此萬世不更者也若乃人考其身才而時省其用雖日變可也天下豈有常法哉當於世事得於人理

古今民風不同故法不可不變

順於天地祥於鬼神則可以正治矣古者人醇工龎商樸女重是以政教易化風俗易移也今世德益衰民俗益薄欲以樸重之法治旣弊之民是猶無鏑銜橜策錣而御馯馬也昔者神農無制令而民從唐虞有制令而無刑罰夏后氏不負言殷人誓周人盟逮至當今之世恐詢而輕辱貪得而寡羞欲以神農之道治之則其亂必矣伯成子高辭爲諸侯而耕天下高之今之時人辭官而隱處爲鄉邑之下豈可同哉古之兵弓劍而已矣槽柔無擊脩戟無刺晚世之兵

古今不同如此

古聖人尚不執

隆衝以攻渠幨以守連弩以射銷車以鬭古之伐國不殺黄口不獲二毛於古爲義於今爲笑古之所以爲榮者今之所以爲辱也古之所以爲治者今之所以爲亂也夫神農伏羲不施賞罰而民不爲非然而立政者不能廢法而治民舜執干戚而服有苗然而征伐者不能釋甲兵而制彊暴由此觀之法度者所以論民俗而節緩急也器械者因時變而制宜適也夫聖人作法而萬物制焉賢者立禮而不肖者拘焉制法之民不可與遠舉拘禮之人不可使應變耳不

因時推移非
識道不能

知清濁之分者不可令調音心不知治亂之源者不可令制法必有獨聞之耳獨見之明然後能擅道而行矣夫殷變夏周變殷春秋變周三代之禮不同何古之從大人作而弟子循知法治所由生則應時而變不知法治之源雖循古終亂今世之法籍與時變禮義與俗易爲學者循先襲業據籍守舊教以爲非此不治是猶持方枘而周員鑿也欲得宜適致固焉則難矣今儒墨者稱三代文武而弗行是言其所不行也非今時之世而弗改是行其所非也稱其所是

執一不能適治

天道與時變化聖人亦然乃所謂道

行其所非是以盡日極慮而無益於治勞形竭智而無補於主也今夫圖工好畫鬼魅而憎圖狗馬者何也鬼魅不世出而狗馬可日見也夫存危治亂非智不能而道先稱古雖愚有餘故不用之法聖王弗行不驗之言聖王弗聽天地之氣莫大於和和者陰陽調日夜分而生物春分而生秋分而成生之與成必得和之精故聖人之道寬而栗嚴而溫柔而直猛而仁太剛則折太柔則卷聖人正在剛柔之間乃得道之本積陰則沉積陽則飛陰陽相接乃能成和夫繩

陰陽恩嚴刑愛皆不可執

此執於柔者

之爲度也可卷而伸也引而伸之可直而晞故聖人以身體之夫脩而不橫短而不窮直而不剛久而不忘者其唯繩乎故恩推則懦懦則不威嚴推則猛猛則不和愛推則縱縱則不令刑推則虐虐則無親昔者齊簡公釋其國家之柄而專任其大臣將相攝威擅勢私門成黨而公道不行故使陳成田常鴟夷子皮得成其難使呂氏絶祀而陳氏有國者此柔懦所生也鄭子陽剛毅而好罰其於罰也執而無赦舍人有折弓者畏罪而恐誅則因猘狗之驚以殺子陽此

此執於剛者皆致亂而不能治

此見剛柔並用尚有主於中而得其道非徇外矯拂為也

剛猛之所致也今不知道者見柔懦者侵則矜爲剛毅見剛毅者亡則矜爲柔懦此本無主於中而見聞舛馳於外者也故終身而無所定趨譬猶不知音者之歌也濁之則鬱而無轉清之則燋而不謳及至韓娥秦青薛談之謳侯同曼聲之歌憤於志積於內盈而發音則莫不比於律而和於人心何則中有本主以定清濁不受於外而自爲儀表也今夫盲者行於道人謂之左則左謂之右則右遇君子則易道遇小人則陷溝壑何則目無以接物也故魏兩用樓翟吳

中無主者亦然
此中有主者

起而亡西河湣王專用淖齒而死於東廟無術以御之也文王兩用呂望召公奭而王楚莊王專任孫叔敖而霸有術以御之也夫弦歌鼓舞以爲樂盤旋揖讓以修禮厚葬久喪以送死孔子之所立也而墨子非之兼愛尚賢右鬼非命墨子之所立也而楊子非之全性保眞不以物累形楊子之所立也而孟子非之趨捨人異各有曉心故是非有處得其處則無非失其處則無是丹穴太蒙反踵空同大夏北戶奇肱脩股之民是非各異習俗相反君臣上下夫婦父子

有以相使也此之是非彼之是也此之非非彼之非也譬若斤斧椎鑿之各有所施也禹之時以五音聽治懸鐘鼓磬鐸置鞀以待四方之士爲號曰教寡人以道者擊鼓諭寡人以義者擊鐘告寡人以事者振鐸語寡人以憂者擊磬有獄訟者搖鞀當此之時一饋而十起一沐而三捉髮以勞天下之民此而不能達善効忠者則才不足也秦之時高爲臺榭大爲苑囿遠爲馳道鑄金人發適戍入芻稾頭會箕賦輸於少府丁壯丈夫西至臨洮狄道東至會稽浮石南至

此又非禹時矣

時又一變矣

豫章桂林北至飛狐陽原道路死人以溝量當此之時忠諫者謂之不祥而道仁義者謂之狂逮至高皇帝存亡繼絶舉天下之大義身自奮袂執鋭以爲百姓請命於皇天當此之時天下雄儁豪英暴露於野澤前蒙矢石而後墮谿壑出百死而紿一生以爭天下之權奮武厲誠以決一旦之命當此之時豐衣博帶而道儒墨者以爲不肖逮至暴亂已勝海内大定繼文之業立武之功履天子之圖籍造劉氏之貌冠總鄒魯之儒墨通先聖之遺教戴天子之旗乘大路

又一變矣於
本朝事獨詳

唯見不廣大
故文武各執
於一

建九斿撞大鐘擊鳴鼓奏咸池揚干戚當此之時有
立武者見疑一世之間而文武代爲雌雄有時而用
也今世之爲武者則非文也爲文者則非武也文武
更相非而不知時世之用也此見隅曲之一指而不
知八極之廣大也故東面而望不見西牆南面而視
不覩北方唯無所嚮者則無所不通國之所以存者
道德也家之所以亡者理塞也堯無百戸之郭舜無
置錐之地以有天下禹無十人之衆湯無七里之分
以王諸侯文王處岐周之間也地方不過百里而立

在得道不在大小

聖人先見如此

爲天子者有王道也夏桀殷紂之盛也人跡所至舟車所通莫不爲郡縣然而身死人手而爲天下笑者有亡形也故聖人見化以觀其徵德有盛衰風先萌焉故得王道者雖小必大有亡形者雖成必敗夫夏之將亡太史令終古先奔於商三年而桀乃亡殷之將敗也太史令向藝先歸文王朞年而紂乃亡故聖人之見存亡之迹成敗之際也非待鳴條之野甲子之日也今謂彊者勝則度地計衆富者利則量粟稱金若此則千乘之君無不霸王者而萬乘之國無不

至此盡露前意存亡亦不可執大小而論

破亡者矣存亡之迹若此其易知也愚夫惷婦皆能論之趙襄子以晉陽之城霸智伯以三晉之地擒湣王以大齊亡田單以即墨有功故國之亡也雖大不足恃道之行也雖小不可輕由此觀之存在得道而不在於大也亡在失道而不在於小也詩云乃眷西顧此惟與宅言去殷而遷於周也故亂國之君務廣其地而不務仁義務高其位而不務道德是釋其所以存而造其所以亡也故桀囚於焦門而不能自非其所行而悔不殺湯於夏臺紂拘於宣室而不反其

反覆辯論上意

存亡係道得失發越盡矣

過而悔不誅文王於羑里二君處彊大勢位修仁義之道湯武救罪之不給何謀之敢當若上亂三光之明下失萬民之心雖微湯武孰弗能奪也今不審其在已者而反備之於人天下非一湯武也殺一人則必有繼之者也且湯武之所以處小弱而能以王者以其有道也桀紂之所以處彊大而見奪者以其無道也今不行人之所以王者而反益巳之所以奪是趨亡之道也武王克殷欲築宮於五行之山周公曰不可夫五行之山固塞險阻之地也使我德能覆之

周公求之於道不恃其險

則天下納其貢職者廻也使我有暴亂之行則天下之伐我難矣此所以三十六世而不奪也周公可謂能持滿矣昔者周書有言曰上言者下用也下言者上用也上言者常也下言者權也此存亡之術也唯聖人爲能知權言而必信期而必當天下之高行也直躬其父攘羊而子證之尾生與婦人期而死之直而證父信而溺死雖有直信孰能貴之夫三軍矯命過之大者也秦穆公興兵襲鄭過周而東鄭賈人弦高將西販牛道遇秦師於周鄭之間乃矯鄭伯之命

信過而誕功
道何可泥也
唯尚於事而
已下亦此意

犒以十二牛賓秦師而却之以存鄭國故事有所至信反爲過誕反爲功何謂失禮而有大功昔楚恭王戰於陰陵潘尫養由基黄衰微公孫丙相與篡之恭王懼而失體黄衰微舉足蹵其體恭王乃覺怒其失禮奮體而起四大夫載而行昔蒼吾繞娶妻而美以讓兄此所謂忠愛而不可行者也是故聖人論事之局曲直與之屈伸偃仰無常儀表時屈時伸卑弱柔如蒲韋非攝奪也剛強猛毅志厲青雲非本矜也以乘時應變也夫君臣之接屈膝卑拜以相尊禮也至

其迫於患也則舉足蹵其體天下莫能非也是故忠之所在禮不足以難之也孝子之事親和顔卑體奉帶運屨至其溺也則捽其髮而拯非敢驕侮以救其死也故溺則捽父祝則名君勢不得不然也此權之所設也故孔子曰可與共學矣而未可與適道也可與適道未可與立也可與立未可與權權者聖人之所獨見也故忤而後合者謂之知權合而後舛者謂之不知權不知權者善反醜矣故禮者實之華而僞之文也方於卒迫窮遽之中也則無所用矣是故聖

聖人知道之
權故能適治

人以文交於世而以實從事於宜不結於一迹之塗
凝滯而不化是故敗事少而成事多號令行於天下
而莫之能非矣猩猩知往而不知來乾鵲知來而不
知往此修短之分也昔者萇弘周室之執數者也天
地之氣日月之行風雨之變律曆之數無所不通然
而不能自知車裂而死蘇秦匹夫徒走之人也靻蹻
羸蓋經營萬乘之主服諾諸侯然不自免於車裂之
患徐偃王被服慈惠身行仁義陸地之朝者三十二
國然而身死國亡子孫無類大夫種輔翼越王句踐

惟聖人無所不知故有治而無亂

又反言執滯之不可

而爲之報怨雪耻擒夫差之身開地數千里然而身伏屬鏤而死此皆達於治亂之機而未知全性之具者故萇弘知天道而不知人事蘇秦知權謀而不知禍福徐偃王知仁義而不知時大夫種知忠而不知謀聖人則不然論世而爲之事權事而爲之謀是以舒之天下而不窕內之尋常而不塞使天下荒亂禮義絶綱紀廢彊弱相乘力征相攘臣主無差貴賤無序甲胄生蟣虱燕雀處帷幄而兵不休息而乃始服屬臾之貌恭儉之禮則必滅抑而不能興矣天下安

又歸結聖人之道如此

寧政教和平百姓肅睦上下相親而乃始立氣矜奮勇力則必不免於有司之法矣是故聖人者能陰能陽能弱能彊隨時而動靜因資而立功物動而知其反事萌而察其變化則爲之象運則爲之應是以終身行而無所困故事有可行而不可言者有可言而不可行者有易爲而難成者有難成而易敗者所謂可行而不可言者趨舍也可言而不可行者僞詐也易爲而難成者事也難成而易敗者名也此四策者聖人之所獨見而留意也謳寸而伸尺聖人爲之小

見取其大不當掎其小

枉而大直君子行之周公有殺弟之累齊桓有爭國之名然而周公以義補缺桓公以功滅醜而皆爲賢今以人之小過揜其大美則天下無聖王賢相矣故目中有疵不害於視不可灼也喉中有病無害於息不可鑿也河上之丘冢不可勝數猶之爲易也水激興波高下相臨差以尋常猶之爲平昔者曹子爲魯將兵三戰不勝亡地千里使曹子計不顧後足不旋踵刎頸於陳中則終身爲破軍擒將矣然而曹子不羞其敗恥死而無功柯之盟揄三尺之刃造桓公之

曹子管仲正不拘其小者

總出前意

曹三戰所亡一朝而反之勇聞於天下功立於魯國管仲輔公子糾而不能遂不可謂智遁逃奔走不死其難不可謂勇束縛桎梏不諱其耻不可謂貞當此三行者布衣弗友人君弗臣然而管仲免於累紲之中立齊國之政九合諸侯一匡天下使管仲出死捐軀不顧後圖豈有此霸功哉今人君論其臣也不計其大功總其畧行而求其小善則失賢之數也故人有厚德無問其小節而有大譽無疵其小故夫牛蹏之涔不能生鱣鮪而蜂房不容鵠卵小形不足以包

見小節不足取

亦即前意

大體也夫人之情莫不有所短誠其大畧是也雖有小過不足以爲累若其大畧非也雖有閭里之行未足大舉夫顏喙聚梁父之大盜也而爲齊忠臣段干木晉國之大駔也而爲文侯師孟卯妻其嫂有五子焉然而相魏寧其危解其患景陽淫酒被髮而御於婦人威服諸侯此四人者皆有所短然而功名不滅者其畧得也季襄陳仲子立節抗行不入洿君之朝不食亂世之食遂餓而死不能存亡接絕者何小節伸而大畧屈故小謹者無成功訾行者不容於衆體

反覆不過上意

大者節疏蹠距者舉遠自古及今五帝三王未有能全其行者也故易曰小過亨利貞言人莫不有過而不欲其大也夫堯舜湯武世主之隆也齊桓晉文五霸之豪英也然堯有不慈之名舜有卑父之謗湯武有放弒之事五伯有暴亂之謀是故君子不責備於一人方正而不以割廉直而不以切博通而不以訾文武而不以責求於一人則任以人力自脩則以道德責人以人力易償也自脩以道德難爲也難爲則行高矣易償則求贍矣夫夏后氏之璜不能無考明

月之珠不能無纇然而天下寳之者何也其小惡不足妨大美也今志人之所短而忘人之所脩而求得其賢於天下則難矣夫百里奚之飯牛伊尹之負鼎太公之鼓刀甯戚之商歌其美有存焉者矣衆人見其位之卑賤事之洿辱而不知其大畧以爲不肖及其爲天子三公而立爲諸侯賢相乃始信於異衆也夫發於鼎俎之間出於屠酤之肆解於累紲之中興於牛頷之下洗之以湯沐祓之以爟火立之於本朝之上倚之於三公之位内不慙於國家外不愧於諸

此以下見唯聖人能知人若前所謂不拘小節者又不可執也

矦符勢有以內合故未有功而知其賢者堯之知舜功成事立而知其賢者市人之知舜也爲是釋度數而求之於朝肆草莽之中其失人也必多矣何則能効其求而不知其所以取人也夫物之相類者世主之所亂惑也嫌疑肖象者衆人之所眩耀也故狠者類知而非知愚者類仁而非仁戇者類勇而非勇使人之相去也若玉之與石美之與惡則論人易矣夫亂人者芎藭之與藁本也蛇牀之與麋蕪也此皆相似者故劍工惑劍之似莫邪者唯歐冶能名其種玉

聖人知人如是

工眩玉之似碧盧者唯猗頓不失其情闇主亂於姦臣小人之疑君子者唯聖人能見微以知明故蛇舉首尺而脩短可知也象見其牙而大小可論也薛燭庸子見若狐甲於劒而利鈍識矣史皃易牙淄澠之水合者嘗一哈水而甘苦知矣故聖人之論賢也見其一行而賢不肖分矣孔子辭廩丘終不盜刀鉤許由讓天子終不利封侯故未嘗灼而不敢握火者見其有所燒也未嘗傷而不敢握刃者見其有所害也由此觀之見者可以論未發也而觀小節可以知大

此言知人之法

體矣故論人之道貴則觀其所舉富則觀其所施窮則觀其所不受賤則觀其所不爲貧則觀其所不取視其更難以知其勇動以喜樂以觀其守委以財貨以論其仁振以恐懼以知其節則人情備矣古之善賞者費少而勸衆善罰者刑省而姦禁善予者用約而爲德善取者入多而無怨趙襄子圍於晉陽罷圍而賞有功者五人高赫爲賞首左右曰晉陽之難赫無大功今爲賞首何也襄子曰晉陽之圍寡人社稷危國家殆羣臣無不有驕侮之心唯赫不失君臣之

亦可謂得知人之道

禮故賞一人而天下爲忠之臣者莫不願忠於其君此賞少而勸善者衆也齊威王設大鼎於庭中而數無鹽令曰子之譽日聞吾耳察子之事田野蕪倉廩虚囹圄實子以姦事我者也乃烹之齊以此三十二歲道路不拾遺此刑省姦禁者也秦穆公出遊而車敗右服失馬野人得之穆公追而及之岐山之陽野人方屠而食之穆公曰夫食駿馬之肉而不還飲酒者傷人吾恐其傷汝等徧飲而去之處一年與晉惠公爲韓之戰晉師圍穆公之車梁由靡扣穆公之驂

上叙幾人又結出聖人之用人如此亦以小制大也

獲之食馬肉者三百餘人皆出死爲穆公戰於車下遂克晉虜惠公以歸此用約而爲德者也齊桓公將欲征伐甲兵不足令有罪者出犀甲一戟有輕罪者贖以金分訟而不勝者出一束箭百姓皆說乃矯箭爲矢鑄金而爲刃以伐不義而征無道遂霸天下此入多而無怨者也故聖人因民之所喜而勸善因民之所惡而禁姦故賞一人而天下譽之罰一人而天下畏之故至賞不費至刑不濫孔子誅少正卯而魯國之邪塞子產誅鄧析而鄭國之姦禁以近諭遠以

廣譬博喻末復歸於聖人之治天下有道

小知大也。故聖人守約而治廣者，此之謂也。天下莫易於爲善，而莫難於爲不善也。所謂爲善者，靜而無爲也。所謂爲不善者，躁而多欲也。適情辭餘，無所誘惑，循性保眞，無變於己，故曰爲善易。越城郭，踰險塞，姦符節，盜管金，篡弒矯誣，非人之性也，故曰爲不善難。今人所以犯囹圄之罪，而陷於刑戮之患者，由嗜慾無厭，不循度量之故也。何以知其然？天下縣官法曰：發墓者誅，竊盜者刑，此執政之所司也。夫法令者，網其姦邪，勒率隨其蹤跡，無愚夫惷婦，皆知爲姦之無脫也犯禁之不得免也然而不材子不勝其欲蒙死亡之罪而被刑戮之羞然而立秋之後司寇之徒繼踵於門而死市之人血流於路何則惑於財利之得而蔽於死亡之患也夫今陳卒設兵兩軍相當將施令曰斬首拜爵而屈撓者要斬然而隊階之卒皆不能前遂斬首之功而後被要斬之罪是去恐死而就必死也故利害之反禍福之接不可不審也事或欲之適足以失之或避之適足以就之楚人有乘船而遇大風者波至而自投於水非不貪生而畏死也

惟聖人不惑
於嗜欲

惑於恐死而反忘生也故人之嗜慾亦猶此也齊人有盜金者當市繁之時至掇而走勤問其故曰而盜金於市中何也對曰吾不見人徒見金耳志所欲則忘其爲矣是故聖人審動靜之變而適受與之度理好憎之情和喜怒之節夫動靜得則患弗過也受與適則罪弗累也好憎理則憂弗近也喜怒節則怨弗犯也故達道之人不茍得不讓福其有弗棄非其有弗索常滿而不溢恒虛而易足今夫霤水足以溢壺榼而江河不能實漏巵故人心猶是也自當以道術

人當以度量儉約自處則無害

利欲奪人性亦若此

度量食充虛衣御寒則足以養七尺之形矣若無道術度量而以自儉約則萬乘之勢不足以爲尊天下之富不足以爲樂矣孫叔敖三去令尹而無憂色爵祿不能累也荆佽非兩蛟夾繞其船而志不動怪物不能驚也聖人心平志易精神內守物莫足以惑之夫醉者俛入城門以爲七尺之閨也超江淮以爲尋常之溝也酒濁其神也怯者夜見立表以爲鬼也見寢石以爲虎也懼揜其氣也又况夫天地之怪物乎夫雌雄相接陰陽相薄羽者爲雛鷇毛者爲駒犢柔

常人之見與聖人異

聖人之見不能喻人故假此以立威

者爲皮肉堅者爲齒角人弗怪也水生蠬蜄山生金玉人弗怪也老槐生火久血爲燐人弗怪也山出嘄陽水生罔象木生畢方井生墳羊人怪之聞見鮮而識物淺也天下之怪物聖人之所獨見利害之反覆知者之所獨明達也同異嫌疑者世俗之所眩惑也夫見不可布於海内聞不可明於百姓是故因鬼神機祥而爲之立禁總形推類而爲之變象何以知其然也世俗言曰饗大高者而彘爲上牲葬死人者裘不可以藏相戲以刃者太祖軵其肘枕戶橉而臥者

鬼神蹠其首此皆不著於法令而聖人之所不口傳
也夫饗大高而彘爲上牲者非彘能賢於野獸麋鹿
也而神明獨饗之何也以爲彘者家人所常畜而易
得之物也故因其便以尊之裘不可以藏者非能其
綈綿曼帛温煖於身也世以爲裘者難得貴賈之物
也而不可傳於後世無益於死者而足以養生故因
其資以讋之相戲以刃太祖轄其肘者夫以刃相戲
必爲過失過失相傷其患必大無涉血之讐爭忿鬭
而以小事自內於刑戮愚者所不知忌也故因太祖

此聖人教人之意

以累其心枕戶橉而卧鬼神履其首者使鬼神能玄化則不待戶牖之行若循虛而出入則亦無能履也夫戶牖者風氣之所從往來而風氣者陰陽相捔者也離者必病故託鬼神以伸誡之也凡此之屬皆不可勝著於書策竹帛而藏於官府者也故以禨祥明之爲愚者之不知其害乃借鬼神之威以聲其教所由來者遠矣而愚者以爲禨祥而狠者以爲非唯有道者能通其志今世之祭井竈門戶箕箒臼杵者非以其神爲能饗之也恃賴其德煩苦之無已也是故

以時見其德所以不忘其功也觸石而出膚寸而合不崇朝而雨天下者唯大山赤地三年而不絶流澤及百里而潤草木者唯江河也是以天子秩而祭之故馬免人於難者其死也葬之牛其死也葬以大車爲薦牛馬有功猶不可忘又況人乎此聖人所以重仁襲恩故炎帝於火而死爲竈禹勞天下而死爲社后稷作稼穡而死爲稷羿除天下之害而死爲宗布此鬼神之所以立北楚有任俠者其子孫數諫而止之不聽也縣有賊大搜其廬事果發覺夜驚而走追

常人不明利害之反覆亦者此

道及之其所施德者皆爲之戰得免而遂反語其子曰汝數止吾爲俠今有難果賴而免身而諫我不可用也知所以免於難而不知所以無難論事如此豈不惑哉宋人有嫁子者告其子曰嫁未必成也有如出不可不私藏私藏而富其於以復嫁易其子聽父之計竊而藏之若公知其盜也逐而去之其父不自非也而反得其計知爲出藏財而不知藏財所以出也爲論如此豈不勃哉今夫僦載者救一車之任極一牛之力爲軸之折也有加轅軸其上以爲造不知

前反覆廣譬又總歸結治與道在聖人得之前意種種說出

軸轅之趣軸折也楚王之佩玦而逐菟爲走而破其玦也因佩兩玦以爲之豫兩玦相觸破乃逾疾亂國之治有似於此夫鴟目大而睡不若鼠蚈足衆而走不若蛇物固有大不若小衆不若少者及至夫彊之弱弱之彊危之安存之亡也非聖人孰能觀之大小尊卑未足以論也唯道之在者爲貴何以明之天子處於郊亭則九卿趨大夫走坐者伏倚者齊當此之時明堂太廟懸冠解劍緩帶而寢非郊亭大而廟堂狹小也至尊居之也天道之貴也非特天子之爲尊

又以帝王之得天道結前意

也。所在而衆仰之。夫蟄蟲鵲巢皆嚮天一者。至和在焉。爾帝者誠能包稟道合至和。則禽獸草木莫不被其澤矣。而況兆民乎。

張賓王曰敘古今之變別同異之分而歸於得道之和文特昌揚錯落

天下事物同歸一理聖人得其所御餘非所尚也一者虛而無爲也中間反覆傳喻總不出此

淮南鴻烈解卷十四

詮言訓

洞同天地渾沌爲樸未造而成物謂之太一同出於一所爲各異有鳥有魚有獸謂之分物方以類别物以羣分性命不同皆形於有隔而不通分而爲萬物莫能及宗故動而爲之生死而爲之窮皆爲物矣非不物而物物者也物物者亡乎萬物之中稽古太初人生於無形於有有形而制於物能反其所生若未有形謂之眞人眞人者未始分於太一者也聖人不

以名尸不爲謀府不爲事任不爲智主藏無形行無迹遊無朕不爲福先不爲禍始保於虛無動於不得巳欲福者或爲禍欲利者或離害故無爲而寧者失其所以寧則危無事而治者失其所以治則亂星列於天而明故人指之義列於德而見故人視之人之所指動則有章人之所視行則有迹動有章則詞行有迹則議故聖人揜明於不形藏迹於無爲王子慶忌死於劒羿死於桃棓子路葅於衞蘇秦死於口人莫不貴其所有而賤其所短然而皆溺其所貴而極

其所賤所貴者有形所賤者無朕也故虎豹之彊來射猨貁之捷來措人能貴其所賤賤其所貴可與言至論矣自信者不可以誹譽遷也知足者不可以勢利誘也故通性之情者不務性之所無以爲通命之情者不憂命之所無奈何通於道者物莫不足滑其調詹何曰未嘗聞身治而國亂者也未嘗聞身亂而國治者也矩不正不可以爲方規不正不可以爲員身者事之規矩也未聞枉巳而能正人者也原天命治心術理好憎適情性則治道通矣原天命則不惑

禍福治心術則不妄喜怒理好憎則不貪無用適情
性則欲不過節不惑禍福則動靜循理不妄喜怒則
賞罰不阿不貪無用則不以欲用害性欲不過節則
養性知足凡此四者弗求於外弗假於人反巳而得
矣天下不可以智爲也不可以慧識也不可以事治
也不可以仁附也不可以強勝也五者皆人才也德
不盛不能成一焉德立則五無殆五見則德無位矣
故得道則愚者有餘失道則智者不足度水而無游
數雖強必沉有游數雖羸必遂又況託於舟航之上

数句論治道關大體切日用

二句亦見道之言

乎爲治之本務在於安民安民之本在於足用足用之本在於勿奪時勿奪時之本在於省事省事之本在於節欲節欲之本在於反性反性之本在於去載去載則虛虛則平平者道之素也虛者道之舍也能有天下者必不失其國能有其國者必不喪其家能治其家者必不遺其身能脩其身者必不忘其心能原其心者必不虧其性能全其性者必不惑於道故廣成子曰愼守而內周閉而外多知爲敗毋視毋聽抱神以靜形將自正不得之巳而能知彼者未之有

柔弱之說總不出老氏窠臼

也故易曰括囊無咎無譽能成霸王者必得勝者也能勝敵者必強者也能強者必用人力者也能用人力者必得人心也能得人心者必自得者也能自得者必柔弱也強勝不若已者至於與同則格柔勝出於已者其力不可度故能以衆不勝成大勝者唯聖人能之善游者不學刺舟而便用之勁筋者不學騎馬而便居之輕天下者身不累於物故能處之泰王亶父處邠狄人攻之事之以皮幣珠玉而不聽乃謝耆老而徙岐周百姓携幼扶老而從之遂成國焉推

正以柔勝

此段議論亦本聖人無爲之說然說得玄虛所以不可見之實用

此意四世而有天下不亦宜乎無以天下爲者必能治天下者霜雪雨露生殺萬物天無爲焉猶之貴天也厭文搔法治官理民者有司也君無事焉猶尊君也辟地墾草者后稷也決河濬江者禹也聽獄制中者皐陶也有聖名者堯也故得道以御者身雖無能必使能者爲巳用不得其道伎藝雖多未有益也方船濟乎江有虛舟從一方來觸而覆之雖有忮心必無怨色有一人在其中一謂張之一謂歙之再三呼而不應必以醜聲隨其後向不怒而今怒向虛而今

實也人能虛已以遊於世孰能訾之釋道而任智者
必危棄數而用才者必困有以欲多而亡者未有以
無欲而危者也有以欲治而亂者未有以守常而失
者也故智不足免患愚不足以至於失寧守其分循
其理失之不憂得之不喜故成者非所爲也得者非
所求也入者有受而無取出者有授而無予因春而
生因秋而殺所生者弗德所殺者非怨則幾於道也
聖人不爲可非之行不憎人之非已也修足譽之德
不求人之譽已也不能使禍不至信已之不迎也不

能使福必求。信己之不攘也。禍之至也。非其求所至。故窮而不憂福之至也。非其求所成。故通而弗矜。知禍福之制。不在於己也。故閑居而樂。無爲而治。聖人守其所以有。不求其所未得。求其所無。則所有者亡矣。脩其所有則所欲者至。故用兵者。先爲不可勝。以待敵之可勝也。治國者。先爲不可奪以待敵之可奪也。舜修之歷山。而海內從化。文王修之岐周。而天下移風。使舜趨天下之利。而忘修己之道。身猶弗能保。何尺地之有。故治未固於不亂。而事爲治者必危。行

有爲不若無爲之應

論禍福最詳而歸之天理

未固於無非而急求名者必剉也福莫大無禍利莫美不喪動之爲物不損則益不成則毁不利則病皆險也道之者危故秦勝乎戎而敗乎殽楚勝乎諸夏而敗乎栢莒故道不可以勸而就利者而可以寧避害者故常無禍不常有福常無罪不常有功聖人無思慮無設備來者弗迎去者弗將人雖東西南北獨立中央故處衆枉之中不失其直天下皆流獨不離其壇域故不爲善不避醜遵天之道不爲始不專己循天之理不豫謀不棄時與天爲期不求得不辭福

可謂不詭於道

聖人能盡道而天下莫知是之謂神

從天之則不求所無不失所得內無旁禍外無旁福禍福不生安有人賊爲善則觀爲不善則議觀則生貴議則生患故道術不可以進而求名而可以退而脩身不可以得利而可以離害故聖人不以行求名不以智見譽法脩自然己無所與慮不勝數行不勝德事不勝道爲者有不成求者有不得人有窮而道無不通與道爭則凶故詩曰弗識弗知順帝之則有智而無爲與無智者同道有能而無事與無能者同德其智也告之者至然後覺其動也使之者至然後

不能盡道者與聖人相反

覺其爲也有智若無智有能若無能道理爲正也故功蓋天下不施其美澤及後世不有其名道理通而人僞滅也名與道不兩明人受名則道不用道勝人則名息矣道與人競長章人者息道者也人章道息則危不遠矣故世有聖名則衰之日至矣欲尸名者必爲善欲爲善者必生事事生則釋公而就私置數而任巳欲見譽於爲善而立名於爲質則治不偹故而事不須時治不偹故則多責事不須時則無功責多功鮮無以塞之則妄發而邀當妄爲而要中功之

有爲者皆有心有欲者也故不能入道

成也不足以更責事之敗也不足以弊身故重爲善若重爲非而幾於道矣天下非無信士也臨貨分財必探籌而定分以爲有心者之於平不若無心者也天下非無廉士也然而守重寶者必關戶而全封以爲有欲者之於廉不若無欲者也人舉其疵則怨人鑑見其醜則善鑑人能接物而不與已焉則免於累矣公孫龍粲於辭而貿名鄧析巧辯而亂法蘇秦善說而亡國由其道則善無章脩其理則巧無名故以巧鬭力者始於陽常卒於陰以慧治國者始於治常

用巧不若自然

卒於亂使水流下孰弗能治激而上之非巧不能故文勝則質揜邪巧則正塞之也德可以自脩而不可以使人暴道可以自治而不可以使人亂雖有聖賢之寶不遇暴亂之世可以全身而未可以霸王也湯武之王也遇桀紂之暴也桀紂非以湯武之賢暴也湯武遭桀紂之暴而王也故雖賢王必待遇遇者能遭於時而得之也非智能所求而成也君子脩行而使善無名布施而使仁無章故士行善而不知善之所由來民贍利而不知利之所由出故無爲而自治

善有章則士爭名利有本則民爭功二爭者生雖有
賢者弗能治故聖人揜跡於爲善而息名於爲仁也
外交而爲援事大而爲安不若内治而待時凡事人
者非以寶幣必以卑辭事以玉帛則貨殫而欲不饜
卑體婉辭則諭說而交不結約束誓盟則約定而反
無日雖割國之錙錘以事人而無自恃之道不足以
爲全若誠外釋交之策而慎脩其境内之事盡其地
力以多其積厲其民死以牢其城上下一心君臣同
志與之守社稷斆死而民弗離則爲名者不伐無罪

一者虛而無為也即前面聖人所能者

而爲利者不攻難勝此必全之道也民有道所同道有法所同守爲義之不能相固威之不能相必也故立君以一民君執一則治無常則亂君道者非所以爲也所以無爲也何謂無爲智者不以位爲事勇者不以位爲暴仁者不以位爲患可謂無爲矣夫無爲則得於一也一也者萬物之本也無敵之道也凡人之性少則猖狂壯則暴強老則好利一身之身既數既變矣又況君數易法國數易君人以其位通其好憎下之徑衢不可勝理故君失一則亂甚於無君之

智勇即非一

任者自任非不任人也

時故詩曰不愆不忘率由舊章此之謂也君好智則倍時而任己棄數而用慮天下之物博而智淺以淺贍博未有能者也獨任其智失必多矣故好智窮術也好勇則輕敵而簡備自負而辭助一人之力以圍強敵不杖衆多而專用身才必不堪也故好勇危術也好與則無定分上之分不定則下之望無止若多賦斂實府庫則與民爲讎少取多與數未之有也故好與來怨之道也仁智勇力人之美才也而莫足以治天下由此觀之賢能之不足任也而道術之可脩

淮南卷十四　九

勝心則不害性斯能執一

明矣聖人勝心衆人勝欲君子行正氣小人行邪氣内便於性外合於義循理而動不繫於物者正氣也推於滋味淫於聲色發於喜怒不顧後患者邪氣也邪與正相傷欲與性相害不可兩立一植一廢故聖人損欲而從事於性目好色耳好聲口好味接而說之不知利害嗜慾也食之不寧於體聽之不合於道視之不便於性三官交爭以義爲制者心也割痤疽非不痛也飲毒藥非不苦也然而爲之者便於身也渴而飲水非不快也饑而大飡非不贍也然而弗爲

聖人雖勝心不勝欲然任其自然而功自成謂之無

者害於性也此四者耳目鼻口不知所取去心爲之制各得其所由是觀之欲之不可勝明矣凡治身養性節寢處適飲食和喜怒便動靜使在已者得而邪氣因而不生豈若憂瘕疵之與痤疽之發而豫備之哉夫函牛之鼎沸而蠅蚋弗敢入崑山之玉瑱而塵垢弗能汚也聖人無去之心而心無醜無取之美而美不失故祭祀思親不求福饗賓脩敬不思德唯弗求者能有之處尊位者以有公道而無私説故稱尊焉不稱賢也有大地者以有常術而無鈐謀故稱平

爲可也

不用智勇賢於智勇遠矣

焉不稱智也內無暴事以離怨於百姓外無賢行以見忌於諸侯上下之禮襲而不離而爲論者莫然不見所觀焉此所謂藏無形者非藏無形孰能形三代之所道者因也故禹決江河因水也后稷播種樹穀因地也湯武平暴亂因時也故天下可得而不可取也霸王可受而不可求也在智則人與之訟在力則人與之爭未有使人無智者有使人不能用其智於巳者也未有使人無力者有使人不能施其力於巳者也此兩者常在久見故君賢不見諸侯不備不肖

不役於外而獨存其神正所謂一也

不見則百姓不怨百姓不怨則民用可得諸侯弗備則天下之時可承事所與衆同也功所與時成也聖人無焉故老子曰虎無所措其爪兕無所措其角蠆謂此也鼓不滅於聲故能有聲鏡不沒於形故能有形金石有聲弗叩弗鳴管簫有音弗吹無聲聖人內藏不爲物先倡事來而制物至而應飾其外者傷其內扶其情者害其神見其文者蔽其質無須臾忘爲質者必困於性百步之中不忘其容者必累其形故羽翼美者傷骨骸枝葉美者害根莖能兩美者天下

聖人執其一
而天下自取
足於聖人猶
天地日月然

無之也天有明不憂民之晦也百姓穿戶鑿牖自取
照焉地有財不憂民之貧也百姓伐木芟草自取富
焉至德道者若丘山嵬然不動行者以爲期也直已
而足物不爲人贛用之者亦不受其德故寧而能久
天地無予也故無奪也日月無德也故無怨也喜德
者必多怨喜予者必善奪唯滅迹於無爲而隨天地
自然者唯能勝理而爲受名名興則道行道行則人
無位矣故譽生則毀隨之善見則怨從之利則爲害
始福則爲禍先唯不求利者爲無害唯不求福者爲

狂生不知道之無為而勉強為之者

無禍侯而求霸者必失其侯霸而求王者必喪其霸故國以全爲常霸王其寄也身以生爲常富貴其寄也能不以天下傷其國而不以國害其身者爲可以託天下也不知道者釋其所已有而求其所未得也苦心愁慮以行曲故福至則喜禍至則怖神勞於謀智遽於事禍福萌生終身不悔已之所生乃反愁人不喜則憂中未嘗平持無所監謂之狂生人主好仁則無功者賞有罪者釋好刑則有功者廢無罪者誅及無好者誅而無怨施而不德放準循繩身無與事

非聖賢之旨彼自為一家言也

若天若地何不覆載故合而舍之者君也制而誅之者法也民已受誅怨無所滅謂之道道勝則人無事矣聖人無屈奇之服無瑰異之行服不視行不觀言不議通而不華窮而不懾榮而不顯隱而不窮異而不見怪容不與衆同無以名之此之謂大通升降揖讓趨翔周遊不得已而爲也非性所有於身情無符檢行所不得已之事而不解構耳豈加故爲哉故不得已而歌者不事爲悲不得已而舞者不矜爲麗歌舞而不事爲悲麗者皆無有根心者善博者不欲牟

不一之弊若此故聖人貴一

不恐不勝平心定意捉得其齊行由其理雖不必勝得籌必多何則勝在於數不在於欲馳者不貪最先不恐獨後緩急調乎手御心調乎馬雖不能必先哉馬力必盡矣何則先在於數而不在於欲也是故滅欲則數勝棄智則道立矣賈多端則貧工多技則窮心不一也故木之大者害其條水之大者害其深有智而無術雖鑽之不通有百技而無一道雖得之弗能守故詩曰淑人君子其儀一也其儀一也心如結也君子其結於一乎舜彈五絃之琴而歌南風之詩

以治天下周公散臑不收於前鐘鼓不解於縣以輔
成王而海內平匹夫百晦一守不遑啟處無所移之
也以一人兼聽天下日有餘而治不足使人爲之也
處尊位者如尸守官者如祝宰尸雖能剝狗燒彘弗
爲也弗能無虧俎豆之列次黍稷之先後雖知弗教
也弗能無害也不能祝者不可以無祝無害於爲尸
不能御者不可以爲僕無害於爲佐故位愈尊而身
愈佚身愈大而事愈少譬如張琴小絃雖急大絃必
緩無爲者道之體也執後者道之容也無爲制有爲

此言不知一之害

術也孰後之制先數也放於術則強審於數則寧今與人卞氏之璧未受者先也求而致之雖怨不逆者後也三人同舍二人相爭爭者各自以爲直不能相聽一人雖愚必從旁而决之非以智不爭也兩人相鬭一羸在側助一人則勝救一人則免鬭者雖強必制一羸非以勇也以不鬭也由此觀之後之制先靜之勝躁數也倍道棄數以求苟遇變常易故以知要遮過則自非中則以爲候闇行繆改終身不寤此之謂狂有禍則詘有福則羸有過則悔有功則矜遂不

易簡者一天地之道也

知反此謂狂人負之中規方之中矩行成獸止成文可以將少而不可以將衆蓼菜成行瓶甌有堤量粟而舂數米而炊可以治家而不可以治國滌杯而食洗爵而飲浣而後饋可以養家老而不可以饗三軍非易不可以治大非簡不可以合衆大樂必易大禮必簡易故能天簡故能地大樂無怨大禮不責四海之內莫不繫統故能帝也心有憂者筐牀衽席弗能安也菰飯犓牛弗能甘也琴瑟鳴竽弗能樂也患解憂除然後食甘寢寧居安游樂由是觀之生有以樂

多則不一

也死有以哀也今務益性之所不能樂而以害性之所以樂故雖富有天下貴爲天子而不免爲哀之人凡人之性樂恬而憎憫樂佚而憎勞心常無欲可謂恬矣形常無事可謂佚矣遊心於恬舍形於佚以俟天命自樂於内無急於外雖天下之大不足以易其一槩日月廋而無溉於志故雖賤如貴雖貧如富大道無形大仁無親大辯無聲大廉不嗛大勇不矜五者無棄而幾鄉方矣軍多令則亂酒多約則辯亂則降北辯則相賊故始於都者常大於鄙始於樂者常

惟一能大餘皆其小者

大於悲其作始簡者其終本必調今有美酒嘉肴以相饗卑體婉辭以接之欲以合歡爭盈爵之間反生鬭鬭而相傷三族結怨反其所憎此酒之敗也詩之失僻樂之失刺禮之失責徵音非無羽聲也羽音非無徵聲也五音莫不有聲而以徵羽定名者以勝者也故仁義智勇聖人之所備有也然而皆立一名者言其大者也陽氣起於東北盡於西南陰氣起於西南盡於東北陰陽之始皆調適相似日長其類以侵相遠或熱焦沙或寒凝水故聖人謹慎其所積水出

此即不物而能物物者也一也

於山而入於海稼生於野而藏於廪見所始則知終矣席之先雚蕈樽之上玄樽俎之先生魚豆之先泰羹此皆不快於耳目不適於口腹而先王貴之先本而後末聖人之接物千變萬軫必有不化而應化者夫寒之與煖相反大寒地坼水凝火弗爲衰其暑大熱鑠石流金火弗爲益其烈寒暑之變無損益於巳質有之也聖人常後而不先常應而不唱不進而求不退而讓隨時三年時去我先去時三年時在我後無去無就中立其所天道無親唯德是與有道者不

失時與人無道者失於時而取人直已而待命之去不可迎而反也要遮而求合時之去不可追而援也故不曰我無以爲而天下遠不曰我不欲而天下不至古之存已者樂德而忘賤故名不動志樂道而忘貧故利不動心名利充天下足以概志故兼而能樂靜而能澹故其身治者可與言道矣自身以上至於荒芒爾遠矣自死而天地無窮爾滔矣以數雜之壽憂天下之亂猶憂河水之少泣而益之也龜三千歲浮游不過三日以浮游而爲龜憂養生之具人必笑

神妙致一之理到此方結出本旨

之矣故不憂天下之亂而樂其身之治也可與言道矣君子爲善不能使富必來不爲非而不能使禍無至福之至也非其所求故不伐其功禍之來也非其所生故不悔其行內修極而橫禍至者皆天也非人也故中心常恬漠累積其德狗吠而不驚自信其情故知道者不惑知命者不憂萬乘之主葬其骸於曠野之中祀其鬼神於明堂之上神貴於形也故神制則形從形勝則神窮聰明雖用必反諸神謂之太沖

張賓王曰虛已以游於世故萬變不括還返其宗通篇只是一意

錯綜諸兵家之說而持論近正

淮南鴻烈解卷十五

兵畧訓

古之用兵者非利土壤之廣而貪金玉之畧將以存亡繼絕平天下之亂而除萬民之害也凡有血氣之蟲含牙帶角前爪後距有角者觸有齒者噬有毒者螫有蹏者趹喜而相戲怒而相害天之性也人有衣食之情而物弗能足也故羣居雜處分不均求不贍則爭爭則强脅弱而勇侵怯人無筋骨之强爪牙之利故割革而爲甲爍鐵而爲刃貪昧饕餮之人殘賊

此見兵之所由動

論兵以不得已而動

天下萬人擾動莫寧其所有聖人勃然而起乃討强暴平亂世夷險除穢以濁爲清以危爲寧故不得不中絕兵之所由來者遠矣黄帝嘗與炎帝戰矣顓頊嘗與共工爭矣故黄帝戰於涿鹿之野堯戰於丹水之浦舜伐有苗啟攻有扈自五帝而弗能偃也又況衰世乎夫兵者所以禁暴討亂也炎帝爲火災故黄帝擒之共工爲水害故顓頊誅之教之以道導之以德而不聽則臨之以威武臨之威武而不從則制之以兵革故聖人之用兵也若櫛髮耨苗所去者少而

兵之不得已如此

所利者多殺無罪之民而養無義之君害莫大焉殫天下之財而贍一人之欲禍莫深焉使夏桀殷紂有害於民而立被其患不至於爲炮烙晉厲宋康行一不義而身死國亡不至於侵奪爲暴此四君者皆有小過而莫之討也故至於攘天下害百姓肆一人之邪而長海內之禍此大論之所不取也所爲立君者以禁暴討亂也今乘萬民之力而反爲殘賊是爲虎傅翼曷爲弗除夫畜池魚者必去猵獺養禽獸者必去豺狼又況治人乎故霸王之兵以論慮之以策圖

之以義扶之非以亡存也將以存亡也故聞敵國之君有加虐於民者則舉兵而臨其境責之以不義刺之以過行兵至其郊乃令軍師曰毋伐樹木毋抉墳墓毋爇五穀毋焚積聚毋捕民虜毋收六畜乃發號施令曰其國之君傲天侮鬼決獄不辜殺戮無罪此天之所以誅民之所以仇也兵之來也以廢不義而復有德也有逆天之道帥民之賊者身死族滅以家聽者祿以家以里聽者賞以里以鄉聽者封以鄉以縣聽者侯以縣趨國不及其民廢其君而易其政尊

行師之正

上世之兵如此

其秀士而顯其賢良振其孤寡恤其貧窮出其囹圄賞其有功百姓開門而待之淅米而儲之唯恐其不來也此湯武之所以致王而齊桓晉文之所以成霸也故君爲無道民之思兵也若旱而望雨渴而求飲夫有誰與交兵接刃乎故義兵之至也至於不戰而止晚世之兵君雖無道莫不設渠壍傅堞而守攻者非以禁暴除害也欲以侵地廣壤也是故至於伏尸流血相支以日而霸王之功不世出者自爲之故也夫爲地戰者不能成其王爲身戰者不能立其功舉

以下及將與兵法

事以爲人者衆助之舉事以自爲者衆去之衆之所助雖弱必強衆之所去雖大必亡兵失道而弱得道而強將失道而拙得道而工國得道而存失道而亡所謂道者體圓而法方背陰而抱陽左柔而右剛履幽而戴明變化無常得一之原以應無方是謂神明夫圓者天也方者地也天圓而無端故不可得而觀地方而無垠故莫能窺其門天化育而無形象地生長而無計量渾渾沉沉孰知其藏凡物有朕唯道無朕所以無朕者以其無常形勢也輪轉而無窮象日

兵之道如此

月之運行若春秋有代謝若日月有晝夜終而復始明而復晦莫能得其紀制刑而無刑故功可成物物而不物故勝而不屈刑兵之極也至於無刑可謂極之矣是故大兵無創與鬼神通五兵不厲天下莫之敢當建鼓不出庫諸侯莫不慴㥄沮膽其處故廟戰者帝神化者王所謂廟戰者法天道也神化者法四時也脩政於境內而遠方慕其德制勝於未戰而諸侯服其威內政治也古得道者靜而法天地動而順日月喜怒而合四時叫呼而比雷霆音氣不戾八風

詘伸不獲五度下至介鱗上及毛羽條脩葉貫萬物
百族由本至末莫不有序是故入小而不偪處大而
不窕浸乎金石潤乎草木宇中六合振毫之末莫不
順比道之浸洽滒淖纖微無所不在是以勝權多也
夫射儀度不得則格的不中驥一節不用而千里不
至夫戰而不勝者非鼓之日也素行無刑久矣故得
道之兵車不發軔騎不被鞍鼓不振塵旗不解卷甲
不離矢刃不嘗血朝不易位賈不去肆農不離野招
義而責之大國必朝小城必下因民之欲乘民之力

極論兵之有道至此

而爲之去殘除賊也故同利相死同情相成同欲相助順道而動天下爲嚮因民而慮天下爲鬬獵者逐禽車馳人趍各盡其力無刑罰之威而相爲斥闉要遮者同所利也同舟而濟於江卒遇風波百族之子捷捽招杼船若左右手不以相德其憂同也故明王之用兵也爲天下除害而與萬民共享其利民之爲用猶子之爲父弟之爲兄威之所加若崩山決塘敵孰敢當故善用兵者用其自爲用也不能用兵者用其爲已用也用其自爲用則天下莫不可用也用其

以下指其實

爲巳用所得者鮮矣兵有三詆治國家理境内行仁義布德惠立正法塞邪隧羣臣親附百姓和輯上下一心君臣同力諸侯服其威而四方懷其德脩政廟堂之上而折衝千里之外拱揖指撝而天下響應此用兵之上也地廣民衆主賢將忠國富兵強約束信號令明兩軍相當鼓錞相望未至兵交接刃而敵人奔亡此用兵之次也知土地之宜習險隘之利明奇正之變察行陳解贖之數維枹綰而鼓之白刃合流矢接涉血屬腸輿死扶傷流血千里暴骸盈場乃以

決勝此用兵之下也今夫天下皆知事治其末而莫知務脩其本釋其根而樹其枝也夫兵之所以佐勝者衆而所以必勝者寡甲堅兵利車固馬良畜積給足士卒殷軫此軍之大資也而勝亡焉明於星辰日月之運刑德奇賌之數背鄉左右之便此戰之助也而全亡焉良將之所以必勝者恒有不原之智不道之道難以衆同也夫論除謹動靜時吏卒辨兵甲治正行五連什伯明鼓旗此尉之官也前後知險易見敵知難易發斥不忘遺此候之官也隧路亟行輜治

賦丈均處軍輯井竈通此司空之官也收藏於後遷
舍不離無淫輿無遺輜此輿之官也凡此五官之於
將也猶身之有股肱手足也必擇其人技能其才使
官勝其任人能其事告之以政申之以令使之若虎
豹之有爪牙飛鳥之有六翮莫不爲用然皆佐勝之
具也非所以必勝也兵之勝敗本在於政政勝其民
下附其上則兵强矣民勝其政下畔其上則兵弱矣
故德義足以懷天下之民事業足以當天下之急選
舉足以得賢士之心謀慮足以知强弱之勢此必勝

五官者將之佐非勝之本

兵之必勝在人

之本也地廣人衆不足以爲强堅甲利兵不足以爲
勝高城深池不足以爲固嚴令繁刑不足以爲威爲
存政者雖小必存爲亡政者雖大必亡昔者楚人地
南卷沅湘北繞潁泗西包巴蜀東裹郯淮潁汝以爲
洫江漢以爲池垣之以鄧林緜之以方城山高尋雲
谿肆無景地利形便卒民勇敢蛟革犀兕以爲甲冑
脩鎩短鏦齊爲前行積弩陪後錯車衛旁疾如錐矢
合如雷電解如風雨然而兵殆於垂沙衆破於栢舉
楚國之强大地計衆中分天下然懷王北畏孟嘗君

秦楚失道故
兵雖强而亡

背社稷之守而委身强秦兵挫地削身死不還二世皇帝勢爲天子富有天下人迹所至舟檝所通莫不爲郡縣然縱耳目之欲窮侈靡之變不顧百姓之饑寒窮匱也興萬乘之駕而作阿房之宮發閭左之戍收太半之賦百姓之隨逮肆刑挽輅首路死者一旦不知千萬之數天下敖然若焦熱傾然若苦烈上下不相寧吏民不相憀戍卒陳勝興於大澤攘臂袒右稱爲大楚而天下響應當此之時非有牢甲利兵勁弩强衝也伐棘棗而爲矜周錐鑿而爲刃剡摲筡奮

聖王得道故有天下

儋钁以當脩戟强弩攻城畧地莫不降下天下爲之糜沸蟻動雲徹席卷方數千里勢位至賤而器械甚不利然一人唱而天下應之者積怨在於民也武王伐紂東面而迎歲至氾而水至共頭而墜彗星出而授殷人其柄當戰之時十日亂於上風雨擊於中然而前無蹈難之賞而後無遁北之刑白刃不畢拔而天下得矣是故善守者無與御而善戰者無與鬬明於禁舍開塞之道乘時勢因民欲而取天下故善爲政者積其德善用兵者畜其怒德積而民可用怒畜

又指出勝與不勝者以見本末

而威可立也故文之所以加者淺則勢之所勝者小德之所施者博則威之所制者廣威之所制者廣則我强而敵弱矣故善用兵者先弱敵而後戰者也故費不半而功自倍也湯之地方七十里而王者脩德也智伯有千里之地而亡者窮武也故千乘之國行文德者王萬乘之國好用兵者亡故全兵先勝而後戰敗兵先戰而後求勝德均則衆者勝力敵則智者勝愚者倖則有數者禽無數凡用兵者必先自廟戰主孰賢將孰能民孰附國孰治蓄積孰多士卒孰精

此勝之本

此又轉言勝在於道

以下論將

甲兵孰利器備孰便故運籌於廟堂之上而決勝千里之外矣夫有形埒者天下訟見之有篇籍者世人傳學之此皆以形相勝者也善形者弗法也所貴道者貴其無形也無形則不可制迫也不可度量也不可巧詐也不可規慮也智見者人爲之謀形見者人爲之功衆見者人爲之伏器見者人爲之備動詐周還倨句詘伸可巧詐者皆非善者也善者之動也神出而鬼行星燿而玄逐進退詘伸不見朕埶鸞舉麟振鳳飛龍騰發如秋風疾如駭龍當以生擊死以盛

乘衰以疾掩遲以飽制饑若以水滅火若以湯沃雪
何往而不遂何之而不用達在中虛神在外漠志運
於無形出於不意與飄飄往與忽忽來莫知其所之
與倏出與閒入莫知其所集卒如雷霆疾如風雨若
從地出若從天下獨出獨入莫能應圉疾如鏃矢何
可勝偶一晦一明孰知其端緒未見其發固已至矣
故善用兵者見敵之虛乘而勿假也追而勿舍也迫
而勿去也擊其猶猶陵其與與疾雷不及塞耳疾霆
不暇掩目善用兵若聲之與響若鏜之與鞈眯不給

此段即前所
云道之無朕

撫呼不給吸當此之時仰不見天俯不見地手不麾戈兵不盡拔擊之若雷薄之若風炎之若火陵之若波敵之静不知其所守動不知其所爲故鼓鳴旗麾當者莫不廢滯崩阤天下孰敢厲威抗節而當其前者故淩人者勝待人者敗爲人杓者死兵静則固專一則威分決則勇心疑則北力分則弱故能分人之兵疑人之心則錙銖有餘不能分人之兵疑人之心則數倍不足故紂之卒百萬之心武王之卒三千人皆專而一故千人同心則得千人力萬人異心則無

論將與民卒當一心亦兵之道也

一人之用將卒吏民動靜如身乃可以應敵合戰故計定而發分決而動將無疑謀卒無二心動無墮容口無虛言事無嘗試應敵必敏發動必亟故將以民爲體而民以將爲心心誠則支體親力心疑則支體撓北心不專一則體不節動將不誠心則卒不勇敢故良將之卒若虎之牙若兕之角若鳥之羽若蚿之足可以行可以舉可以噬可以觸强而不相敗衆而不相害一心以使之也故民誠從其令雖少無畏民不從令雖衆爲寡故下不親上其心不用卒不畏將

以下又悉其詳

其形不戰守有必固而攻有必勝不待交兵接刃而存亡之機固以形矣兵有三勢有二權有氣勢有地勢有因勢將充勇而輕敵卒果敢而樂戰三軍之衆百萬之師志厲青雲氣如飄風聲如雷霆誠積踰而威加敵人此謂氣勢硤路津關大山名塞龍蛇蟠郄笠居羊腸道發笱門一人守隘而千人弗敢過也此謂地勢因其勞倦怠亂饑渴凍暍推其揞揞擠其揭揭此謂因勢善用間諜審錯規慮設蔚施伏隱匿其形出於不意敵人之兵無所適備此謂知權陳卒正

得權勢者必勝

前行選進退俱什伍摶前後不相撚左右不相干受刃者少傷敵者衆此謂事權權勢必形吏卒專精選良用才官得其人計定謀决明於死生舉錯得失莫不振驚故攻不待衝隆雲梯而城拔戰不至交兵接刃而敵破明於必勝之攻也故兵不必勝不苟接刃攻不必取不爲苟發故勝定而後戰鈐縣而後動故衆聚而不虛散兵出而不徒歸唯無一動動則凌天振地抗泰山蕩四海鬼神移徙鳥獸驚駭如此則野無校兵國無守城矣靜以合躁治以持亂無形而制

有形無爲而應變雖未能得勝於敵敵不可得勝之道也敵先我動則是見其形也彼躁我静則是罷其力也形見則勝可制也力罷則威可立也視其所爲因與之化觀其邪正以制其命餌之以所欲以罷其足彼若有間急填其隙極其變而束之盡其節而仆之敵若反静爲之出奇彼不吾應獨盡其調若動而應有見所爲彼持後節與之推移彼有所積必有所虧精若轉左陷其右陂敵潰而走後必可移敵迫而不動名之曰奄遲擊之如雷霆斬之若草木燿之若

應前無形又言之

火電欲疾以遬人不及步銷車不及轉轂兵如植木弩如羊角人雖衆多勢莫敢格諸有象者莫不可勝也諸有形者莫不可應也是以聖人藏形於無而遊心於虛風雨可障蔽而寒暑不可開閉以其無形故也夫能滑淖精微貫金石窮至遠放乎九天之上蟠乎黄盧之下唯無形者也善用兵者當擊其亂不攻其治是不襲堂堂之冦不擊填填之旗容未可見以數相持彼有死形因而制之敵人執數動則就陰以虛應實必爲之禽虎豹不動不入陷阱麋鹿不動不

靜制動即逸待勞意

離罝罘飛鳥不動不絓網羅魚鼈不動不擐脣喙物
未有不以動而制者也是故聖人貴靜靜則能應躁
後則能應先數則能勝疏博則能禽缺故良將之用
卒也同其心一其力勇者不得獨進怯者不得獨退
止如丘山發如風雨所淩必破靡不毀沮動如一體
莫之應圉是故傷敵者衆而手戰者寡矣夫五指之
更彈不若捲手之一挃萬人之更進不如百人之俱
至也今夫虎豹便捷熊羆多力然而人食其肉而席
其革者不能通其知而壹其力也夫水勢勝火章華

兵不在衆寡只在一心力

總歸於道方可制勝

之臺燒以升勺沃而救之雖涸井而竭池無奈之何也舉壺榼盆盎而以灌之其臧可立而待也今人之與人非有水火之勝也而欲以少耦衆不能成其功亦明矣兵家或言曰少可以耦衆此言所將非言所戰也或將衆而用寡者勢不齊也將寡而用衆者用力諧也若乃人盡其才悉用其力以少勝衆者自古及今未嘗聞也神莫貴於天勢莫便於地動莫急於時用莫利於人凡此四者兵之幹植也然必待道而後行可一用也夫地利勝天時巧舉勝地利勢勝人

故任天者可迷也任地者可束也任時者可迫也任人者可惑也夫仁勇信廉人之美才也然勇者可誘也仁者可奪也信者易欺也廉者易謀也將衆者有一見焉則爲人禽矣由此觀之則兵以道理制勝而不以人才之賢亦自明矣是故爲麋鹿者則可以罝罘設也爲魚鼈者則可以網罟取也爲鴻鵠者則可以矰繳加也唯無形者無可奈也是故聖人藏於無原故其情不可得而觀運於無形故其陳不可得而經無法無儀來而爲之宜無名無狀變而爲之象深

此亦即無形之意反覆極論

機與勢亦無形

哉瞯瞯遠哉悠悠且冬且夏且春且秋上窮至高之末下測至深之底變化消息無所凝滯建心乎窈冥之野而藏志乎九旋之淵雖有明目孰能窺其情兵之所隱議者天道也所圖畫者地形也所明言者人事也所以決勝者鈐勢也故上將之用兵也上得而道下得地利中得人心乃行之以機發之以勢是以無破軍敗兵及至中將上不知天道下不知地利專用人與勢雖未必能萬全勝鈐必多矣下將之用兵也博聞而自亂多知而自疑居則恐懼發則猶豫是

以動爲人禽矣今使兩人接刃巧拙不異而勇士必勝者何也其行之誠也夫以巨斧擊桐薪不待利時良日而後破之加巨斧於桐薪之上而無人力之捧雖順招搖挾刑德而弗能破者以其無勢也故水激則悍矢激則遠夫栝淇衞箘簵載以銀錫雖有薄縞之幨腐荷之矰然猶不能獨射也假之筋角之力弓弩之勢則貫兕甲而徑於革盾矣夫風之疾至於飛屋折木虛舉之下大遲自上高丘人之有所推也是故善用兵者勢如決積水於千仞之隄若轉員石於

萬丈之谿天下見吾兵之必用也則孰敢與我戰者故百人之必死也賢於萬人之必北也況以三軍之衆赴水火而不還踵乎雖誂合刃於天下誰敢在於上者所謂天數者左青龍右白虎前朱雀後玄武所謂地利者後生而前死左牡而右牝所謂人事者慶賞信而刑罰必動靜時舉錯疾此世傳之所以爲儀表者固也然而非所以生儀表者因時而變化者也是故處於堂上之陰而知日月之次序見瓶中之氷而知天下之寒暑夫物之所以相形者微唯聖人達

如此然後可将兵

其至故鼓不與於五音而爲五音主水不與於五味
而爲五味調將軍不與於五官之事而爲五官督故
能調五音者不與五音者也能調五味者不與五味
者也能治五官之事者不可揆度者也是故將軍之
心滔滔如春曠曠如夏湫漻如秋典凝如冬因形而
與之化隨時而與之移夫景不爲曲物直響不爲清
音濁觀彼之所以來各以其勝應之是故扶義而動
推理而行掩節而斷割因資而成功使彼知吾所出
而不知吾所入知吾所舉而不知吾所集始如狐狸

點出剛柔强弱彼此使人不可測度亦前無形之意

彼故輕來合如兕虎敵故奔走夫飛鳥之摯也俛其首猛獸之攫也匿其爪虎豹不外其爪而噬不見齒故用兵之道示之以柔而迎之以剛示之以弱而乘之以强爲之以歙而應之以張將欲西而示之以東先忤而後合前冥而後明若鬼之無迹若水之無創故所鄉非所之也所見非所謀也舉措動靜莫能識也若雷之擊不可爲備所用不復故勝可百全與玄明通莫知其門是謂至神兵之所以强者民也民之所以必死者義也義之所以能行者威也是故合之

此又見将以道爲本

以文齊之以武是謂必取威儀並行是謂至強夫人之所樂者生也而所憎者死也然而高城深池矢石若雨平原廣澤白刃交接而卒爭先合者彼非輕死而樂傷也爲其賞信而罰明也是故上視下如子則下視上如父上視下如弟則下視上如兄上視下如子則必王四海下視上如父則必正天下上親下如弟則不難爲之死下事上如兄則不難爲之亡是故父子兄弟之寇不可與鬭者積恩先施也故四馬不調造父不能以致遠弓矢不調羿不能以必中君臣

乖心則孫子不能以應敵是故内脩其政以積其德
外塞其醜以服其威察其勞佚以知其飽饑故戰日
有期視死若歸故將必與卒同甘苦俟饑寒故其死
可得而盡也故古之善將者必以其身先之暑不張
蓋寒不被裘所以程寒暑也險隘不乘上陵必下所
以齊勞佚也軍食熟然後敢食軍井通然後敢飲所
以同饑渴也合戰必立矢射之所及以共安危也故
良將之用兵也常以積德擊積怨以積愛擊積憎何
故而不勝主之所求於民者二求民爲之勞也欲民

爲之死也民之所望於主者三饑者能食之勞者能息之有功者能德之民以償其二積而上失其三望國雖大人雖衆兵猶且弱也若苦者必得其樂勞者必得其利斬首之功必全死事之後必賞四者既信於民矣主雖射雲中之鳥而釣深淵之魚彈琴瑟聲鍾竽敦六博投高壺兵猶且强令猶且行也是故上足仰則下可用也德足慕則威可立也將者必有三隧四義五行十守所謂三隧者上知天道下習地形中察人情所謂四義者便國不負兵爲主不顧身見

難不畏死決疑不辟罪所謂五行者柔而不可卷也剛而不可折也仁而不可犯也信而不可欺也勇而不可凌也所謂十守者神清而不可濁也謀遠而不可慕也操固而不可遷也知明而不可蔽也不貪於貨不淫於物不嚂於辯不推於方不可喜也不可怒也是謂至於窈窈冥冥孰知其情發必中詮言必合數動必順時解必中揍通動靜之機明開塞之節審舉措之利害若合符節疾如彍弩勢如發矢一龍一蛇動無常體莫見其所中莫知其所窮攻則不可守

守則不可攻蓋聞善用兵者必先脩諸己而後求諸人先爲不可勝而後求勝脩己於人求勝於敵己未能治也而攻人之亂是猶以火救火以水應水也何所能制今使陶人化而爲埴則不能成盆盎工女化而爲絲則不能織文錦同莫足以相治也故以異爲奇兩爵相與鬭未有死者也鸇鷹至則爲之解以其異類也故靜爲躁奇治爲亂奇飽爲饑奇佚爲勞奇奇正之相應若水火金木之代爲雌雄也善用兵者持五殺以應故能全其勝拙者處五死以貪故動而

爲人擒兵貴謀之不測也形之隱匿也出於不意不可以設備也謀見則窮形見則制故善用兵者上隱之天下隱之地中隱之人隱之天者無不制也何謂隱之天大寒甚暑疾風暴雨大霧冥晦因此而爲變者也何謂隱之地山陵丘阜林叢險阻可以伏匿而不見形者也何謂隱之人蔽之於前望之於後出奇行陳之間發如雷霆疾如風雨揜巨旗止鳴鼓而出入無形莫知其端緒者也故前後正齊四方如繩出入解續不相越淩翼輕邊利或前或後離合散聚不

失行伍此善脩行陳者也明於奇正賌陰陽刑德五行望氣候星龜策機祥此善爲天道者也設規慮施蔚伏見用水火出珍怪鼓譟軍所以營其耳也曳梢肆柴揚塵起堨所以營其目者此善爲詐佯者也錞鉞牢重固植而難恐勢利不能誘死亡不能動此善爲充榦者也剽疾輕悍勇敢輕敵疾若滅沒此善用輕出奇者也相地形處次舍治壁壘審煙斥居高陵舍出處此善爲地形者也因其饑渴凍暍勞倦怠亂恐懼窘步乘之以選卒擊之以宵夜此善因時應變

前所指者皆不可無但非兵之貴貴於道之無形耳應前是謂至神

者也易則用車險則用騎涉水多弓隘則用弩晝則多旌夜則多火晦冥多鼓此善爲設施者也凡此八者不可一無也然而非兵之貴者也夫將者必獨見獨知獨見者見人所不見也獨知者知人所不知也見人所不見謂之明知人所不知謂之神明者先勝者也先勝者守不可攻戰不可勝攻不可守虛實是也上下有隙將吏不相得所持不直卒心積不服所謂虛也主明將良上下同心氣意俱起所謂實也若以水投火所當者陷所薄者移牢柔不相通而勝相

所謂不求人而求諸己也

奇者虛實之謂也故善戰者不在少善守者不在小勝在得威敗在失氣夫實則鬭虛則走盛則強衰則北吳王夫差地方二千里帶甲七十萬南與越戰棲之會稽北與齊戰破之艾陵西遇晉公擒之黄池此用民氣之實也其後驕溢縱欲拒諫喜諛憢悍遂過不可正諭大臣怨懟百姓不附越王選卒三千人擒之干隧因制其虛也夫氣之有虛實也若明之必晦也故勝兵者非常實也敗兵者非常虛也善者能實其民氣以待人之虛也不能者虛其民氣以待人之

見君命將受命之道

實也故虛實之氣兵之貴者也凡國有難君自宮召將詔之曰社稷之命在將軍即今國有難願請子將而應之將軍受命乃令祝史太卜齋宿三日之太廟鑽靈龜卜吉日以受鼓旗君入廟門西面而立將入廟門趨至堂下北面而立主親操鉞持頭授將軍其柄曰從此上至天者將軍制之復操斧持頭授將軍其柄曰從此下至淵者將軍制之將已受斧鉞答曰國不可從外治也軍不可從中御也二心不可以事君疑志不可以應敵臣既以受制於前矣鼓旗斧鉞

之威臣無還請願君亦以垂一言之命於臣也君若不許臣不敢將君若許之臣辭而行乃爪鬋設明衣也鑿凶門而出乘將軍車載旌旗斧鉞累若不勝其臨敵決戰不顧必死無有二心是故無天於上無地於下無敵於前無主於後進不求名退不避罪唯民是保利合於主國之實也上將之道也如此則智者爲之慮勇者爲之鬭氣厲青雲疾如馳騖是故兵未交接而敵人恐懼若戰勝敵奔畢受功賞吏遷官益爵祿割地而爲調決於封外卒論斷軍中顧反於國

又見兵之當慎不可妄加

放旗以入斧鉞報畢於君曰軍無後治乃縞素辟舍請罪於君君曰赦之退齊服大勝三年反舍中勝二年下勝期年兵之所加者必無道之國也故能戰勝而不報取地而不反民不疾疫將不夭死五穀豐昌風雨時節戰勝於外福生於內是故名必成而後無餘害矣

山止有常物亦生焉人止於道而無為如山之有常亦無乎不為矣中間轉折博喻無非要人專一於道耳

魄可見魂不可見人知魄之運動而不知魂之能為要之總歸於

淮南鴻烈解卷十六

說山訓

魄問於魂曰道何以爲體曰以無有爲體魄曰無有有形乎魂曰無有何得而聞也魂曰吾直有所遇之耳視之無形聽之無聲謂之幽冥幽冥者所以喻道而非道也魄曰吾聞得之矣乃內視而自反也魂曰凡得道者形不可得而見名不可得而揚今汝已有形名矣何道之所能乎魄曰言者獨何爲者吾將反吾宗矣魄反顧魂忽然不見反而自存亦以淪於無

無耳於道亦然惟見小故不知大道

專一者感無不通未有專一於無爲而不能有爲者下面引喻多端要不外此

形矣人不小學不大迷不小慧不大愚人莫鑑於沫雨而鑑於澄水者以其休止不蕩也詹公之釣千歲之鯉不能避曾子攀柩車引輴者爲之止也老母行歌而動申喜精之至也瓠巴鼓瑟而淫魚出聽百牙鼓琴駟馬仰秣介子歌龍蛇而文君垂泣故玉在山而草木潤淵生珠而岸不枯螾無筋骨之強爪牙之利上食晞堁下飲黃泉用心一也清之爲明杯水見牟子濁之爲闇河水不見太山視目者眩聽雷者聾人無爲則治有爲則傷無爲而治者載無也爲者不

有念慮不可強止亦不可兩者俱忘即無爲至德也非聖人不能故以聖人承之

能有也不能無爲者不能有爲也人無言而神有言者則傷無言而神者載無有言則傷其神之神者鼻之所以息耳之所以聽終以其無用者爲用矣物莫不因其所有而用其所無以爲不信視籟與竽念慮者不得臥止念慮則有爲其所止矣兩者俱亡則至德純矣聖人終身言治所用者非其言也用所以言也歌者有詩然使人善之者非其詩也鸚鵡能言而不可使長是何則得其所言而不得其所以言故循迹者非能生迹者也神蛇能斷而復續而不能使人

能於此而不能於彼皆非至德人之入道所得不同亦猶是也

造化亦專一不能兩用

勿斷也神龜能見夢元王而不能自出漁者之籠四方皆道之門戶牖嚮也在所從闚之故釣可以教騎騎可以教御御可以教刺舟越人學遠射參天而發適在五步之内不易儀也世已變矣而守其故譬猶越人之射也月望日奪其光陰不可以乘陽也日出星不見不能與之爭光也故末不可以强於本指不可以大於臂下輕上重其覆必易一淵不兩鮫水定則清正動則失平故惟不動則所以無不動也江河所以能長百谷者能下之也夫惟能下之是以能上

物理亦然

此爲至德人當寶之

之天下莫相憎於膠漆而莫相愛於冰炭膠漆相賊冰炭相息也牆之壞愈其立也冰之泮愈其凝也以其反宗泰山之容巍巍然高去之千里不見埵堁遠之故也秋毫之末淪於不測是故小不可以爲內者大不可以爲外矣蘭生幽谷不爲莫服而不芳舟在江海不爲莫乘而不浮君子行義不爲莫知而止休夫玉潤澤而有光其聲舒揚渙乎其有似也無內無外不匿瑕穢近之而濡望之而隧夫照鏡見眸子微察秋毫明照晦冥故和氏之璧隨侯之珠出於山淵

無爲者人性也

之精君子服之順祥以安寧侯王寶之爲天下正陳成子恒之刼子淵捷也子罕之辭其所不欲而得其所欲孔子之見黏蟬者白公勝之倒杖策也衛姬之論罪於桓公子見子夏曰何肥也魏文侯見之反被裘而負芻也兒說之爲宋王解閉結也此皆微眇可以觀論者人有嫁其子而教之曰爾行矣愼無爲善曰不爲善將爲不善邪應之曰善且由弗爲況不善乎此全其天器者拘囹圄者以日爲脩當死市者以日爲短日之脩短有度也有所在而短有所在而脩

中不平與心無累者相去何如可以見道矣

無患者由無爲而有治也

專一之道顯然透出

也則中不平也故以不平爲平者其平不平也嫁女於病消者夫死則後難復處也故沮舍之下不可以坐倚墻之傍不可以立執獄牢者無病罪當死者肥澤刑者多壽心無累也良醫者常治無病之病故無病聖人者常治無患之患故無患也夫至巧不用劒善閉者不用關楗淳于髡之告失火者此其類以清入濁必困辱以濁入清必覆傾君子之於善也猶采薪者見一芥掇之見青葱則拔之天二氣則成虹地二氣則泄藏人二氣則成病陰陽不能且冬且夏月

不知晝日不知夜善射者發不失的善於射矣而不善所射善釣者無所失善於釣矣而不善所釣故有所善則不善矣鍾之與磬也近之則鍾音充遠之則磬音章物固有近不若遠遠不如近者今日稻生於水而不能生於湍瀨之流紫芝生於山而不能生於盤石之上慈石能引鐵及其於銅則不行也水廣者魚大山高者木脩廣其地而薄其德譬猶陶人爲器也揲挺其土而不益厚破乃愈疾聖人不先風吹不先雷毀不得已而動故無累月盛衰於上則蠃蠬應

於下。同氣相動。不可以爲遠。執彈而招鳥。揮棁而呼狗。欲致之。顧反走。故魚不可以無餌釣也。獸不可以虛器召也。剝牛皮鞟以爲鼓。正三軍之衆。然爲牛計者。不若服於軛也。狐白之裘。天子被之而坐廟堂。然爲狐計者。不若走於澤。亡羊而得牛。則莫不利失也。斷指而免頭。則莫不利爲也。故人之情。於利之中則爭取大焉。於害之中則爭取小焉。將軍不敢騎白馬。亡者不敢夜揭炬。保者不敢畜噬狗。鷄知將旦。鶴知夜半。而不免於鼎俎。山有猛獸。林木爲之不斬。園有

如此可以全天器

螫蟲藜藿爲之不采爲儒而踞里閭爲墨而朝吹竽欲滅迹而走雪中拯溺者而欲無濡是非所行而行所非今夫闇飲者非嘗不遺飲也使之自以平則雖愚無失矣是故不同於和而可以成事者天下無之矣求美則不得美不求美則美矣求醜則不得醜求不醜則有醜矣不求美又不求醜則無美無醜矣是謂玄同申徒狄負石自沉於淵而溺者不可以爲抗弦高誕而存鄭誕者不可以爲常事有一應而不可循行人有多言者猶百舌之聲人有少言者猶不脂

辨其同異則知無為之異於有為矣

之戶也六畜生多耳目者不詳讖書著之百人抗浮不若一人挈而趨物固有衆而不若少者引車者二六而後之事固有相待而成者兩人俱溺不能相拯一人處陸則可矣故同不可相治必待異而後成千年之松下有茯苓上有兔絲上有叢著下有伏龜聖人從外知內以見知隱也喜武非俠也喜文非儒也好方非醫也好馬非騶也知音非瞽也知味非庖也此有一槩而未得主名也被甲者非爲十步之內也百步之外則爭深淺深則達五藏淺則至膚而止矣

死生相去不可爲道里楚王亡其猨而林木爲之殘
宋君亡其珠池中魚爲之殫故澤失火而林憂上求
材臣殘木上求魚臣乾谷上求楫而下致船上言若
絲下言若綸上有一善下有二譽上有三衰下有九
殺大夫種知所以强越而不知所以存身萇弘知周
之所存而不知身所以亡知遠而不知近畏馬之辟
也不敢騎懼車之覆也不敢乘是以虛禍距公利也
不孝弟者或詈父母生子者所不能任其必孝也然
猶養而長之范氏之敗有竊其鐘負而走者鎗然有

彼以道德為大仁義為小分而二之故有此論

求道者亦然入之有漸故有先後上下之序

聾懼人聞之遽掩其耳憎人聞之可也自掩其耳悖矣升之不能大於石也升在石之中夜之不能脩其歲也夜在歲之中仁義之不能大於道德也仁義在道德之包先針而後縷可以成帷先縷而後針不可以成衣針成幕蔂成城事之成敗必由小生言有漸也染者先青而後黑則可先黑而後青則不可工人下漆而上丹則可下丹而上漆則不可萬事由此所先後上下不可不審水濁而魚噞形勞則神亂故國有賢君折衝萬里因媒而嫁而不因媒而成因人而

不豫者廢人
莫能救之

交不因人而親行合趨同千里相從趨不合行不同對門不通海水雖大不受嵴芥日月不應非其氣君子不容非其類也人不愛倕之手而愛巳之指不愛江漢之珠而愛巳之鉤以東薪爲鬼以火煙爲氣以東薪爲鬼朅而走以火煙爲氣殺豚烹狗先事如此不如其後巧者善度知者善豫羿死桃部不給射慶忌死劒鋒不給搏滅非者戶告之曰我實不與我諛亂謗乃愈起止言以言止事以事譬猶埸塿而弭塵抱薪而救火流言雪汙譬猶以涅拭素也矢之於十

大道在無爲而無乎不爲

因小而害大

步貫兕甲於三百步不能入魯縞騏驥一日千里其出致釋駕而僵大家攻小家則爲暴大國并小國則爲賢小馬非大馬之類也小知非大知之類也被羊裘而賃固其事也貂裘而負籠甚可怪也以絜白爲汚辱譬猶沐浴而抒溷薰燧而負彘治疽不擇善惡醜肉而并割之農夫不察苗莠而并耘之豈不虛哉壞塘以取龜發屋而求狸掘室而求鼠割脣而治齲桀跖之徒君子不與殺戎馬而求狐狸援兩鼈而失靈龜斷右臂而爭一毛折鏌邪而爭錐刀用智如此

豈足高乎寧百刺以針無一刺以刀寧一引重無久持輕寧一月饑無一旬餓萬人之蹪愈於一人之隧有譽人之力儉者春至旦不中員呈猶譎之察之乃其母也故小人之譽人反爲損東家母死其子哭之不哀西家子見之歸謂其母曰社何愛速死吾必悲哭社夫欲其母之死者雖死亦不能悲哭矣謂學不暇者雖暇亦不能學矣見窾木浮而知爲舟見飛蓬轉而知爲車見鳥迹而知著書以類取之以非義爲義以非禮爲禮譬猶倮走而追狂人盜財而予乞者

如此何能至道

人不可安於小忽於大

竊簡而寫法律蹲踞而誦詩書割而舍之鏌邪不斷
肉執而不釋馬氂截玉聖人無止無以歲賢昔日愈
昨也馬之似鹿者千金天下無千金之鹿玉待礛諸
而成器有千金之璧而無錙錘之礛諸受光於隙照
一隅受光於牖照北壁受光於戶照室中無遺物況
受光於宇宙乎天下莫不藉明於其前矣由此觀之
所受者小則所見者淺所受者大則所照者博江出
岷山河出崑崙濟出王屋潁出少室漢出嶓冢分流
舛馳注於東海所行則異所歸者一通於學者若車

又道本旨

人必至於止而後能有為聖人用之無不得

軸轉轂之中不運於巳與之致千里終而復始轉無窮之源不通於學者若迷惑告之以東西南北所居聆聆背而不得不知凡要寒不能生寒熱不能生熱不寒不熱能生寒熱故有形出於無形未有天地能生天地者也至深微廣大矣雨之集無能霑待其止而能有濡矢之發無能貫待其止而能有穿唯止能止衆止因高而爲臺就下而爲池各就其勢不敢更爲聖人用物若用朱絲約芻狗若爲土龍以求雨芻狗待之而求福土龍待之而得食魯人身善制冠妻

> 所求非所用終無所用之

善織履徃徙於越而大困窮以其所脩而遊不用之鄉譬若樹荷山上而畜火井中操釣上山揭斧入淵欲得所求難也方車而蹠越乘桴而入胡欲無窮不可也楚王有白蝯王自射之則搏矢而熙使養由基射之始調弓矯矢未發而蝯擁柱號矣有先中中者也咼氏之璧夏后之璜揖讓而進之以合歡夜以投人則爲怨時與不時畫西施之面美而不可說規孟賁之目大而不可畏君形者亡焉人有昆弟相分者無量而衆稱義焉夫唯無量故不可得而量也登高

以善託醜有益尚可為

使人欲望臨深使人欲闚處使然也射者使人端釣者使人恭事使然也曰殺罷牛可以贖良馬之死莫之爲也殺牛必亡之數以必亡贖不必死未能行之者矣季孫氏劫公家孔子說之先順其所爲而後與之入政曰舉枉與直如何不得舉直與枉勿與遂往此所謂同汚而異塗者衆曲不容直衆枉不容正故人衆則食狼狼衆則食人欲爲邪者必相明正欲爲曲者必相達直公道不立私欲得容者自古及今未嘗聞也此以善託其醜衆議成林無翼而飛三人成

外拘於小信當知自反

志定於一也

察微知着即始見終故豫於道

市虎一里撓椎夫游沒者不求沐浴已自足其中矣故食草之獸不疾易藪水居之蟲不疾易水行小變而不失常信有非禮而失禮尾生死其梁柱之下此信之非也孔氏不喪出母此禮之失者曾子立孝不過勝母之閭墨子非樂不入朝歌之邑曾子立廉不飲盜泉所謂養志者也紂爲象箸而箕子唏魯以偶人葬而孔子嘆故聖人見霜而知氷有鳥將來張羅而待之得鳥者羅之一目也今爲一目之羅則無時得鳥矣今被甲者以備矢之至若使人必知所集則

不以時至而為道

懸一札而已矣事或不可前規物或不可慮卒然不戒而至故聖人畜道以待時髠屯犁牛既犐以犕決鼻而羈生子而犧尸祝齊戒以沉諸河河伯豈羞其所從出辭而不享哉得萬人之兵不如聞一言當得隋侯之珠不若得事之所由得和氏之璧不若得事之所適撰良馬者非以逐狐狸將以射麋鹿砥利劍者非以斬縞衣將以斷兕犀故高山仰止景行行止鄉者其人見彈而求鴞炙見卵而求晨夜見麛而求成布雖其理哉亦不病暮象解其牙不憎人之利之

又見聖人能辨同異故不同於人

名實正同異之辨

也死而棄其招簀不怨人取之人能以所不利利人則可狂者東走逐者亦東走東走則同所以東走則異溺者入水拯之者亦入水入水則同所以入水者則異故聖人同死生愚人亦同死生聖人之同死生通於分理愚人之同死生不知利害所在徐偃王以仁義亡國國亡者非必仁義比干以忠靡其體被誅者非必忠也故寒顫懼者亦顫此同名而異實明月之珠出於蠬蜃周之簡圭生於垢石大蔡神龜出於溝壑萬乘之主冠錙錘之冠履百金之車牛皮爲戢

正三軍之衆欲學歌謳者必先徵羽樂風欲美和者
必先始於陽阿采菱此皆學其所不學而欲至其所
欲學者燿蟬者務在明其火釣魚者務在芳其餌明
其火者所以燿而致之也芳其餌者所以誘而利之
也欲致魚者先通水欲致鳥者先樹木水積而魚聚
木茂而鳥集好弋者先具繳與矰好魚者先具罟與
罛未有無其具而得其利遺人馬而解其羈遺人車
而稅其轄所愛者少而所亡者多故里人諺曰烹牛
而不鹽敗所爲也桀有得事堯有遺道嫫母有所美

以上至此皆見不可不辨

西施有所醜故亡國之法有可隨者治國之俗有可非者琬琰之玉在洿泥之中雖廉者弗釋獘箄甑瓾在裀茵之上雖貪者不搏美之所在雖汙辱世不能賤惡之所在雖高隆世不能貴春貸秋賦民皆欣春賦秋貸衆皆怨得失同喜怒為別其時異也為魚德者非挈而入淵為蝯賜者非負而緣木縱之其所而巳貂裘而雜不若狐裘而粹故人莫惡於無常行有相馬而失馬者然良馬猶在相之中今人放燒或操火往益之或接水往救之兩者皆未有功而怨德相

用之賴於無用無為之可以有為亦若推與不推之類耳

未見大道小者亦足以名

去亦遠矣郢人有買屋棟者求大三圍之木而人予車轂跪而度之巨雖可而長不足遽伯玉以德化公孫鞅以刑罪所極一也病者寢席醫之用鍼石巫之用糈藉所救鈞也貍頭愈鼠雞頭已瘻䖟散積血斲木愈齲此類之推者也膏之殺鼈鵲矢中蝟爛灰生繩漆見蟹而不乾此類之不推者也推與不推若非而是若是而非孰能通其微天下無粹白狐而有粹白之裘掇之衆白也善學者若齊王之食鷄必食其蹠數十而後足刀便剃毛至伐大木非斧不尅物固

既見大道小者不足取矣

又見弱之能制强

有以冦適成不逮者視方寸於牛不知其大於羊總視其體乃知其大相去之遠孕婦見兔而子缺脣見麋而子四目小馬大目不可謂大馬大馬之目眇所謂之眇馬物固有似然而似不然者故決指而身死或斷臂而顧活類不可必推厲利劍者必以柔砥擊鐘磬者必以濡木轂强必以弱輻兩堅不能相和兩强不能相服故梧桐斷角馬氂截玉媒怛者非學謾也怛成而生不信立慬者非學鬭爭也慬立而生不讓故君子不入獄爲其傷恩也不入市爲其侳廉也

本旨

以小見大以近知遠易而無難皆止於道者能之

積不可不慎者也走不以手縛手走不能疾飛不以尾屈尾飛不能遠物之用者必待不用者故所止見者乃不見者也使鼓鳴者乃不鳴者也嘗一臠肉知一鑊之味懸羽與炭而知燥溼之氣以小明大見一葉落而知歲之將暮睹瓶中之氷而知天下之寒以近論遠三人比肩不能外出戶一人相隨可以通天下足蹍地而為迹暴行而為影此易而難莊王誅里史孫叔敖制冠浣衣文公棄荏席從黴黑咎犯辭歸故桑葉落而長年悲也鼎錯日用而不足貴周鼎不

又是本旨

爨而不可賤物固有以不用而爲有用者地平則水不流重鈞則衡不傾物之尤必有所感物固有以不用爲大用者先倮而浴則可以浴而倮則不可先祭而後饗則可先饗而後祭則不可物之先後各有所宜也祭之日而言狗生取婦夕而言衰麻置酒之日而言上冢渡江河而言陽侯之波或曰知其且赦也而多殺人或曰知其且赦也而多活人其望赦同所利害異故或吹火而然或吹火而滅所以吹者異也烹牛以饗其里而駡其東家母德不報而身見殆文

人各有能有不能局於器也不能者貴用其能適其宜也

王汙膺鮑中傴背以成楚國之治裨諶出郭而知以成子産之事朱儒問徑天高於脩人脩人不知曰子雖不知猶近之於我故凡問事必於近者寇難至躄者告盲者盲者負而走兩人皆活得其所能也故使盲者語使躄者走失其所也郢人有鬻其母爲請於買者曰此母老矣幸善食之而勿苦此行大不義而欲爲小義者介蟲之動以固貞蟲之動以毒螫熊羆之動以攫搏兕牛之動以觝觸物莫措其所脩而用其短也治國者若鎒田去害苗者而已今沐者墮髮

不可因此而廢彼

而猶爲之不止以所去者少所利者多砥石不利而可以利金擏不正而可以正弓物固有不正而可以正不利而可以利力貴齊知貴捷得之同邀爲上勝之同遲爲下所以貴鏌邪者以其應物而斷割也劙靡勿釋牛車絶轔爲孔子之窮於陳蔡而廢六藝則惑爲醫之不能自治其病病而不就藥則勃矣

張賓王曰說山說林二訓殊形並採不必相貫要以泛覽寓内足橫肆其胸度耳

張賓王曰起疏勁

淮南鴻烈解卷十七

説林訓

以一世之度制治天下譬猶客之乘舟中流遺其劒遽契其舟桅暮薄而求之其不知物類亦甚矣夫隨一隅之迹而不知因天地以游惑莫大焉雖時有所合然而不足貴也譬若旱歲之土龍疾疫之芻狗是爲帝者也曹氏之裂布蛷者貴之然非夏后氏之璜無古無今無始無終未有天地而生天地至深微廣大矣足以屢者淺矣然待所不屢而後行智所知者

禍矣然待所不知而後明游者以足蹶以手抪不得
其數愈蹶愈敗及其能游者非手足者矣鳥飛反鄉
兎走歸窟狐死首丘寒將翔水各哀其所生毋貽盲
者鏡毋予躄者履毋賞越人章甫非其用也椎固有
柄不能自椓目見百步之外不能自見其眦狗彘不
擇甂甌而食偷肥其體而顧近其死鳳凰高翔千仞
之上故莫之能致月照天下蝕於詹諸騰蛇游霧而
殆於蝍蛆烏力勝日而服於鵻禮能有脩短也莫壽
於殤子而彭祖爲夭矣短綆不可以汲深器小不可

以盛大非其任也怒出於不怒爲出於不爲視於無形則得其所見矣聽於無聲則得其所聞矣至味不慊至言不文至樂不笑至音不叫大匠不斲大豆不具大勇不鬬得道而德從之矣譬若黄鍾之比宮太簇之比商無更調焉以瓦鉒者全以金鉒者跋以玉鉒者發是故所重者在外則内爲之掘逐獸者目不見太山嗜慾在外則明所蔽矣聽有音之音者聾聽無音之音者聰不聾不聽與神明通卜者操龜筮者端策以問於數安所問之哉舞者舉節坐者不期而

張賓王曰妙

拚皆如一所極同也日出暘谷入於虞淵莫知其動須臾之間俛人之頸人莫欲學御龍而皆欲學御馬莫欲學治鬼而皆欲學治人急所用也解門以爲薪塞井以爲臼人之從事或時相似水火相憎鏏在其間五味以和骨肉相愛讒賊間之而父子相危夫所以養而害所養譬猶削足而適履殺頭而便冠昌羊去蚤虱而來蛉窮除小害而致大賊故小快而害大利牆之壞也不若無也然逾屋之覆璧瑗成器礛諸之功鏌邪斷割砥礪之力狡兎得而獵犬烹高鳥盡

而強弩藏，虿與驥致千里而不飛，無糗糧之資而不饑。失火而遇雨，失火則不幸，遇雨則幸也。故禍中有福也。鬻棺者欲民之疾病也，畜粟者欲歲之荒饑也。水靜則平，平則清，清則見物之形，弗能匿也，故可以爲正。川竭而谷虛，丘夷而淵塞，脣竭而齒寒。河水之深，其壤在山。鈞之縞也，一端以爲冠，一端以爲絉。冠則戴致之，絉則蹍履之。知己者不可誘以物，明於死生者不可却以危，故善游者不可懼以涉。親莫親於骨肉，節族之屬連也。心失其制，乃反自害，況疏遠乎。

聖人之於道猶葵之與日也雖不能與終始哉其鄉之誠也宫池涔則溢旱則涸江水之原淵泉不能竭蓋非橑不能蔽日輪非輻不能追疾然而橑輻未足恃也金勝木者非以一刀殘林也土勝水者非以一墣塞江也躄者見虎而不走非勇勢不便也傾者易覆也倚者易軵也幾易助也濕易雨也設鼠者機動釣魚者泛杭任動者車鳴也芻狗能立而不能行蛇牀似麋蕪而不能芳謂許由無德烏獲無力莫不醜於色人莫不奮於其所不足以兎之走使犬如馬則

逮日歸風及其爲馬則又不能走矣冬有雷電夏有霜雪然而寒暑之勢不易小變不足以防大節黄帝生陰陽上駢生耳目桑林生臂手此女媧所以七十化也終日之言有聖之事百發之中必有羿逢蒙之巧然而世不與也其守節非也牛蹏彘顱亦骨也而世弗灼必問吉凶於龜者以其歷歲久矣近敖倉者不爲之多飯臨江河者不爲之多飲期滿腹而已蘭芝以芳未嘗見霜鼓造辟兵壽盡五月之望舌之與齒孰先礱也錞之與刃孰先弊也繩之與矢孰先直

也今鱓之與蛇蠶之與蠋狀相類而愛憎異晉以垂
棘之璧得虞虢驪戎以美女亡晉國聾者不謌無以
自樂盲者不觀無以接物觀射者遺其藝觀書者忘
其愛意有所在則忘其所守古之所爲不可更則推
車至今無蟬匷使但吹竽使氐厭竅雖中節而不可
聽無其君形者也與死者同病難爲良醫與亡國同
道難與爲謀爲客治飯而自藜藿名尊於實也乳狗
之噬虎也伏雞之搏狸也恩之所加不量其力使景
曲者形也使響濁者聲也情泄者中易測華不時者

不可食也。蹠越者。或以舟或以車。雖異路。所極一也。佳人不同體。美人不同面。而皆說於目。梨橘棗栗不同味。而皆調於口。人有盜。而富者。富者未必盜。有廉而貧者。貧者未必廉。蔄苗類絮。而不可爲絮。麤不類布。而可以爲布。出林者不得直道。行險者不得履繩。羿之所以射遠中微者。非弓矢也。造父之所以追遠致遠者。非轡銜也。海內其所出。故能大輪復其所過。故能遠。羊肉不慕螘。螘慕於羊肉。羊肉羶也。醯酸不慕蚋。蚋慕於醯酸。嘗一臠肉。而知一鑊之味。懸羽與

張賓王曰喻在乎鍾充而聲音章矣

炭而知燥濕之氣以小見大以近喻遠十頃之陂可以灌四十頃而一頃之陂可以灌四頃大小之衰然明月之光可以遠望而不可以細書甚霧之朝可以細書而不可以遠望尋常之外畫者謹毛而失貌射者儀小而遺大治鼠穴而壞里閭潰小皰而發痤疽若珠之有纇玉之有瑕置之而全去之而虧榛巢者處林茂安也窟穴者託埵防便也王子慶忌足躡麋鹿手搏兕虎置之冥室之中不能搏龜鼈勢不便也湯放其主而有榮名崔杼弑其君而被大謗所以爲

之則同其所以爲之則異呂望使老者奮項託使嬰
兒矜以類相慕使葉落者風搖之使水濁者魚撓之
虎豹之文來射蝯狖之捷來乍行一棊不足以見智
彈一絃不足以見悲三寸之管而無當天下弗能滿
十石而有塞百斗而足矣以篙測江篙終而以水爲
測惑矣漁者走淵木者走山所急者存也朝之市則
走夕過市則步所求者亡也豹裘而雜不若狐裘之
粹白璧有考不得爲寶言至純之難也戰兵死之鬼
憎神巫盜賊之輩醜吠狗無鄉之社易爲黍肉無國

張賓王曰不見可悅使心不亂

之稷。易爲求福。鼈無耳而目不可以瞥。精於明也。瞽無目而耳不可以察。精於聰也。遺腹子不思其父。無貌於心也。不夢見像。無形於目也。蝮蛇不可爲足。虎豹不可使緣木。馬不食脂。桑扈不啄粟。非廉也。秦通崤塞而魏築城也。饑馬在廐。寂然無聲。投芻其旁。爭心乃生。引弓而射。非弦不能發矢。弦之爲射。百分之一也。道德可常。權不可常。故遁關不可復。亡犴不可再。環可以喻員。不可以輪。條可以爲繶。不必以紃。日月不並出。狐不二雄。神龍不匹。猛獸不羣。鷙鳥不雙。

循繩而斲則不過懸衡而量則不差植表而望則不惑損年則嫌於弟益年則疑於兄不如循其理若其當人不見龍之飛擧而能高者風雨奉之蠹衆則木折隙大則墻壞懸垂之類有時而隧枝格之屬有時而弛當凍而不死者不失其適當暑而不暍者不亡其適未嘗適亡其適湯沐具而蟣虱相弔大廈成而燕雀相賀憂樂別也柳下惠見飴曰可以養老盜跖見飴曰可以黏牡見物同而用之異蠶食而不飲二十二日而化蟬飲而不食三十日而蛻蜉蝣不食不

張賓王曰紂之病也而鹿臺鉅橋人掇寶以歸矣

飲三日而死人食礜石而死蠶食之而不饑魚食巴菽而死鼠食之而肥類不可必推庬以火成不可以得火竹以水生不可以得水揚堁而欲弭塵被裘而以翣翼豈若適衣而已哉槁竹有火弗鑽不爇土中有水弗掘無泉蠬象之病人之寶也人之病將有誰寶之者乎爲酒人之利而不酤則竭爲車人之利而不僦則不達握火提人反先之爇隣之母死往哭之妻死而不泣有所劫以然也西方之倮國鳥獸弗辟與爲一也一膊炭熯掇之則爛指萬石俱熯去之十

步而不死同氣異積大勇小勇有似於此今有六尺之廣臥而越之下材弗難植而踰之上材弗易勢施異也百梅足以爲百人酸一梅不足以爲一人和有以飦死者而禁天下之食有以車爲敗者而禁天下之乘則悖矣釣者靜之罛者扣舟罩者抑之罣者舉之爲之異得魚一也見象牙乃知其大於牛見虎尾乃知其大於狸一節見而百節知也小國不鬬於大國之間兩鹿不鬬於伏兕之旁佐祭者得嘗救鬬者得傷蔭不祥之木爲雷電所撲或謂冢或謂隴或謂

笠或謂簦頭虱與空木之瑟名同實異也日月欲明而浮雲蓋之蘭芝欲脩而秋風敗之虎有子不能搏攫者輒殺之爲墮武也龜紐之璽賢者以爲佩土壤布在田能者以爲富予拯溺者金玉不若尋常之纆索視書上有酒者下必有肉上有年者下必有月以類而取之蒙塵而眯固其理也爲其不出戶而堁之也屠者羹藿爲車者步行陶者用缺盆匠人處狹廬爲者不得用用者弗肯爲轂立三十輻各盡其力不得相害使一輻獨入衆輻皆棄豈能致千里哉夜行

者掩目而前其手涉水者解其馬載之舟事有所宜
而有所不施橘柚有鄉雚葦有叢獸同足者相從遊
鳥同翼者相從翔田中之潦流入於海附耳之言聞
於千里也蘇秦步曰何故趨曰何趨馳有爲則議多
事固苛皮將弗覩毛將何顧畏首畏尾身凡有幾欲
觀九州之土足無千里之行心無政教之原而欲爲
萬民之上則難的的者獲提提者射故大白若辱大
德若不足未嘗稼穡粟滿倉未嘗桑蠶絲滿囊得之
不以道用之必橫海不受流胔太山不上小人旁光

張賓王曰此坡公可與悲天院乞兒伍也

不升俎騶駮不入牲中夏用箑快之至冬而不知去褰衣涉水至陵而不知下未可以應變有山無林有谷無風有石無金滿堂之坐視鉤各異於環帶一也獻公之賢欺於孋姬叔孫之知欺於竪牛故鄭詹入魯春秋曰佞人來佞人來君子有酒鄙人鼓缶雖不見好亦不見醜人性便絲衣帛或射之則被鎧甲爲其所不便以得所便輻之入轂各值其鑿不得相通猶人臣各守其職不得相干嘗被甲而免射者被而入水嘗抱壺而度水者抱而蒙火可謂不知類矣君

子之居民上若以腐索御奔馬若履薄氷蛟在其下若入林而遇乳虎善用人者若蚈之足衆而不相害若脣之與齒堅柔相摩而不相敗清醠之美始於耒耜黼黻之美在於杼軸布之新不如紵紵之弊不如布或善爲新或惡爲故靨酺在頰則好在顙則醜繡以爲裳則宜以爲冠則譏馬齒非牛蹏檀根非椅枝故見其一本而萬物知石生而堅蘭生而芳少自其質長而愈明扶之與提謝之與讓故之與先諾之與巳也相去千里汙準而粉其顙腐鼠在壇燒薰於宮

張賓王曰：里語却可愛

入水而憎濡，懷臭而求芳，雖善者弗能爲工。再生者不穫華，大旱者不胥時落。毋曰不幸，甑終不墮井。抽簪招燐，有何爲驚。使人無度河，可；中河使無度，不可。見虎一文，不知其武；見驥一毛，不知善走。水蠆爲蟌，孑孑爲蟁，兎齧爲螚，物之所爲，出於不意，弗知者驚，知者不怪。銅英青，金英黄，玉英白，黂燭捔，膏燭澤也。以微知明，以外知内。象肉之味，不知於口；鬼神之貌，不著於目；捕景之説，不形於心。冬冰可折，夏木可結，時難得而易失。木方茂盛，終日采而不知；秋風下霜，一夕而殫病熱而強之餐救暍而飲之寒救經而引其索拯溺而授之石欲救之反爲惡雖欲謹亡馬不發戶轔雖欲豫就酒不懷蓐孟賁探鼠穴鼠無時死必噬其指失其勢也山雲蒸柱礎潤伏苓掘兎絲死一家失熛百家皆燒讒夫陰謀百姓暴骸粟得水濕而熱甑得火而液水中有火火中有水疾雷破石陰陽相薄湯沐之於河有益不多流潦注海雖不能益猶愈於已一目之羅不可以得鳥無餌之釣不可以得魚遇士無禮不可以得賢兎絲無根而生蛇無足

張賓王曰逸

而行魚無耳而聽蟬無口而鳴有然之者也鶴壽千歲以極其游蜉蝣朝生而暮死而盡其樂紂醢梅伯文王與諸侯構之桀辜諫者湯使人哭之狂馬不觸木猘狗不自投於河雖聾蟲而不自陷又況人乎愛熊而食之鹽愛獺而飲之酒雖欲養之非其道心所説毀舟爲杕心所欲毀鍾爲鐸管子以小辱成大榮蘇秦以百誕成一誠質的張而弓矢集林木茂而斧斤入非或召之形勢所致者也待利而後拯溺人亦心以利溺人矣舟能沉能浮愚者不加足騏驥驅之

不進引之不止人君不以取道里刺我行者欲與我交訾我貨者欲與我市以水和水不可食一絃之琴不可聽駿馬以抑死直士以正窮賢者擯於朝美女擯於宫行者思於道而居者夢於牀慈母吟於巷適子懷於荆赤肉縣則烏鵲集鷹隼鷙則衆鳥散物之散聚交感以然食其食者不毁其器食其實者不折其枝塞其源者竭背其本者枯交畫不暢連環不解其解之不以解臨河而羡魚不如歸家織網明月之珠蠬之病而我之利虎爪象牙禽獸之利而我之害

易道良馬使人欲馳飲酒而樂使人欲謌是而行之故謂之斷非而行之必謂之亂矢疾不過二里也步之遲百舍不休千里可致聖人處於陰衆人處於陽聖人行於水衆人行於霜異音者不可聽以一律異形者不可合於一體農夫勞而君子養焉愚者言而智者擇焉捨茂林而集於枯不弋鵠而弋烏難與有圖寅丘無壑泉源不溥尋常之谿灌千頃之澤見之明白處之如玉石見之闇晦必留其謀以天下之大託於一人之才譬若懸千鈞之重於木之一枝負子

張賓王曰愚公之移山此其類

而登牆謂之不祥爲其一人隕而兩人傷善舉事者若乘舟而悲謌一人唱而千人和不能耕而欲黍粱不能織而喜采裳無事而求其功難矣有榮華者必有憔悴有羅紈者必有麻蒯鳥有沸波者河伯爲之不潮畏其誠也故一夫出死千乘不輕蝮蛇螫人傅以和堇則愈物故有重而害反爲利者聖人之處亂世若夏暴而待暮桑榆之間逾易忍也水雖平必有波衡雖正必有差尺寸雖齊必有詭非規矩不能定方圓非準繩不能正曲直用規矩準繩者亦有規矩

準繩焉舟覆乃見善游馬奔乃見良御嚼而無味者弗能內於喉視而無形者不能思於心兕虎在於後隋侯之珠在於前弗及掇者先避患而後就利逐鹿者不顧兎決千金之貨者不爭銖兩之價弓先調而後求勁馬先馴而後求良人先信而後求能陶人棄索車人掇之屠者棄銷而鍛者拾之所緩急異也百星之明不如一月之光十牖畢開不若一戶之明矢之於十步貫兕甲及其極不能入魯縞太山之高背而弗見秋毫之末視之可察山生金反自刻木生蠹

反自食人生事反自賊巧冶不能鑄木工匠不能斲金者形性然也白玉不雕美珠不文質有餘也故跬步不休跛鼈千里累積不輟可成丘阜城成於土木直於下非有事焉所緣使然凡用人之道若以燧取火疏之則弗得數之則弗中正在疏數之間從朝視夕者移從枉準直者虧聖人之偶物也若以鏡視形曲得其情楊子見逵路而哭之爲其可以南可以北墨子見練絲而泣之爲其可以黄可以黑趨舍之相合猶金石之一調相去千歲合一音也鳥不干防者

雖近弗射其當道雖遠弗釋酤酒而酸買肉而臭然
酤酒買肉不離屠沽之家故求物必於近之者以詐
應詐以譎應譎若披簑而救火毀瀆而止水乃愈益
多西施毛嬙狀貌不可同世稱其好美鈞也堯舜禹
湯法籍殊類得民心一也聖人者隨時而舉事因資
而立功潦則具擢對旱則脩土龍臨菑之女織紈而
思行者爲之悖戾室有美容繒爲之纂繹徵羽之操
不入鄙人之耳軫和切適舉坐而善過府而負手者
希不有盜心故侮人之鬼者過社而搖其枝晉陽處

父伐楚以救江故解捽者不在於捌格在於批伉木大者根擢山高者基扶蹠巨者志遠體大者節疏狂者傷人莫之怨也嬰兒詈老莫之疾也賊心亡尾生之信不如隨牛之誕而又况一不信者乎憂父之疾者子治之者醫進獻者祝治祭者庖

茅鹿門曰說林多勦諸家之說頗漫故無評隲

> 損益利害禍福之類相爲倚伏是非功罪之相反亦天下至理唯心之至明者能識之通篇不外此意

淮南鴻烈解卷十八

人間訓

清淨恬愉人之性也儀表規矩事之制也知人之性其自養不勃知事之制其舉錯不惑發一端散無竟周八極總一筦謂之心見本而知末觀指而睹歸執一而應萬握要而治詳謂之術居知所爲行知所之事知所秉動知所由謂之道道者置之前而不輊錯之後而不軒內之尋常而不塞布之天下而不窕是故使人高賢稱譽已者心之力也使人卑下誹謗已

禍福等類皆起於微小

張賓王曰以上總

者心之罪也夫言出於口者不可止於人行發於邇者不可禁於遠事者難成而易敗也名者難立而易廢之千里之隄以螻螘之穴漏百尋之屋以突隙之煙焚堯戒曰戰戰慄慄日愼一日人莫蹪於山而蹪於蛭是故人皆輕小害易微事以多悔患至而後憂之是由病者已惓而索良醫也雖有扁鵲俞跗之巧猶不能生也夫禍之來也人自生之福之來也人自成之禍與福同門利與害爲鄰非神聖人莫之能分凡人之舉事莫不先以其知規慮揣度而後敢以定

明此三者則損益利害禍福洞然矣

張賓王曰以下分

張賓王曰極言世態之變

謀其或利或害此愚智之所以異也曉自然以爲智知存亡之樞機禍福之門戶舉而用之陷溺於難者不可勝計也使知所爲是者事必可行則天下無不達之塗矣是故知慮者禍福之門戶也動靜者利害之樞機也百事之變化國家之治亂待而後成是故不溺於難者成是故不可不慎也天下有三危少德而多寵一危也才下而位高二危也身無大功而有厚祿三危也故物或損之而益或益之而損何以知其然也昔者楚莊王旣勝晉於河雍之間歸而封孫

叔敖辭而不受病疽將死謂其子曰吾則死矣王必封女女必讓肥饒之地而受沙石之間有寑丘者其地确石而名醜荆人鬼越人禨人莫之利也孫叔敖死王果封其子以肥饒之地其子辭而不受請有寑之丘楚國之俗功臣二世而爵祿唯孫叔敖獨存此所謂損之而益也何謂益之而損昔晋厲公南伐楚東伐齊西伐秦北伐燕兵横行天下而無所綣威服四方而無所詘遂合諸矦於嘉陵氣充志驕淫侈無度暴虐萬民内無輔拂之臣外無諸矦之助戮殺大

臣親近導諛明年出遊匠驪氏欒書中行偃刼而幽之諸侯莫之救百姓莫之哀三月而死夫戰勝攻取地廣而名尊此天下之所願也然而終於身死國亡此所謂益之而損者也夫孫叔敖之請有寢之丘沙石之地所以累世不奪也晉厲公之合諸侯於嘉陵所以身死於匠驪氏也衆人皆知利利而病病也唯聖人知病之爲利知利之爲病也夫再實之木根必傷掘藏之家必有殃以言大利而反爲害也張武教智伯奪韓魏之地而擒於晉陽申叔時教莊王封陳

氏之後而霸天下孔子讀易至損益未然不憤然而歎曰益損者其王者之事與事或欲以利之適足以害之或欲害之乃反以利之利害之反禍福之門戶不可不察也陽虎爲亂於魯魯君令人閉城門而捕之得者有重賞失者有重罪圍三匝而陽虎將舉劒而迫頥門者止之曰天下探之不窮我將出子陽虎因赴圍而逐揚劒提戈而走門者出之顧反取其出之者以戈推之攘祛薄腋出之者怨之曰我非故與子反也爲之蒙死被罪而乃反傷我宜矣其有此難

也。魯君聞陽虎失，大怒，問所出之門，使有司拘之，以爲傷者受大賞，而不傷者被重罪。此所謂害之而反利者也。何謂欲利之而反害之？楚恭王與晉人戰於鄢陵，戰酣，恭王傷而休。司馬子反渴而求飲，豎陽穀奉酒而進之。子反之爲人也，嗜酒而甘之，不能絶於口，遂醉而卧。恭王欲復戰，使人召司馬子反，辭以心痛。王駕而往視之，入幄中而聞酒臭。恭王大怒曰：今日之戰，不穀親傷，所恃者司馬也，而司馬又若此，是亡楚國之社稷而不率吾衆也。不穀無與復戰矣。於

聖人與人不同唯其神明也

是罷師而去之斬司馬子反爲僇故豎陽穀之進酒也非欲禍子反也誠愛而欲快之也而適足以殺之此所謂欲利之而反害之者也夫病溫而強之食病暍而飲之寒此衆人之所以爲養也而良醫之所以爲病也悅於目悅於心愚者之所利也然而有道者之所辟也故聖人先忤而後合衆人先合而後忤有功者人臣之所務也有罪者人臣之所辟也或有功而見疑或有罪而益信何也則有功者離恩義有罪者不敢失仁心也魏將樂羊攻中山其子執在城中

城中縣其子以示樂羊樂羊曰君臣之義不得以子
爲私攻之愈急中山因烹其子而遺之鼎羹與其首
樂羊循而泣之曰是吾子已爲使者跪而啜三杯使
者歸報中山曰是伏約死節者也不可忍也遂降之
爲魏文侯大開地有功自此之後日以不信此所謂
有功而見疑者也何謂有罪而益信孟孫獵而得麑
使秦西巴持歸烹之麑母隨之而嗁秦西巴弗忍縱
而予之孟孫歸求麑安在秦西巴對曰其母隨而嗁
臣誠弗忍竊縱而予之孟孫怒逐秦西巴居一年取

以爲子傅左右曰秦西巴有罪於君今以爲子傅何也孟孫曰夫一麑而不忍又何况於人乎此謂有罪而益信者也故趨舍不可不審也此公孫鞅之所以抵罪於秦而不得入魏也功非不大也然而累足無所踐者不義之故也事或奪之而反與之或與之而反取之智伯求地於魏宣子宣子弗欲與之任登曰智伯之强威行於天下求地而弗與是謂諸侯先受禍也不若與之宣子曰求地不已爲之奈何任登曰與之使喜必將復求地於諸侯諸侯必植耳與天下

同心而圖之一心所得者非直吾所亡也魏宣子裂地而授之又求地於韓康子韓康子不敢不予諸侯皆恐又求地於趙襄子襄子弗與於是智伯乃從韓魏圍襄子於晉陽三國通謀擒智伯而三分其國此所謂奪人而反爲人所奪也何謂與之而反取之晉獻公欲假道於虞以伐虢遺虞垂棘之璧與屈產之乘虞公惑於璧與馬而欲與之道宮之奇諫曰不可夫虞之與虢若車之有輪輪依於車車亦依輪虞之與虢相恃之勢也若假之道虢朝亡而虞夕從之矣

虞公弗聽遂假之道荀息伐虢遂克之還反伐虞又
拔之此所謂與之而反取者也聖王布德施惠非求
其報於百姓也郊望禘嘗非求福於鬼神也山致其
高而雲起焉水致其深而蛟龍生焉君子致其道而
福祿歸焉夫有陰德者必有陽報有陰行者必有昭
名古者溝防不修水爲民害禹鑿龍門辟伊闕平治
水土使民得陸處百姓不親五品不愼契教以君臣
之義父子之親夫妻之辨長幼之序田野不修民食
不足后稷乃教之辟地墾草糞土種穀令百姓家給

人足故三后之後無不王者有陰德也周室衰禮義
廢孔子以三代之道教導於世其後繼嗣至今不絕
者有隱行也秦王趙政兼吞天下而亡智伯侵地而
滅商鞅支解李斯車裂三代種德而王齊桓繼絕而
霸故樹黍者不獲稷樹怨者無報德昔者宋人好善
者三世不解家無故而黑牛生白犢以問先生先生
曰此吉祥以饗鬼神居一年其父無故而盲牛又復
生白犢其父又復使其子以問先生其子曰前聽先
生言而失明今又復問之奈何其父曰聖人之言先

忤而後合其事未究固試往復問之其子又復問先生先生曰此吉祥也復以饗鬼神歸致命其父其父曰行先生之言也居一年其子又無故而盲其後楚攻宋圍其城當此之時易子而食析骸而炊丁壯者死老病童兒皆上城牢守而不下楚王大怒城已破諸城守者皆屠之此獨以父子盲之故得無乘城軍罷圍解則父子俱視夫禍福之轉而相生其變難見也近塞上之人有善術者馬無故亡而入胡人皆弔之其父曰此何遽不爲福乎居數月其馬將胡駿馬

而歸人皆賀之其父曰此何遽不能爲禍乎家富良
馬其子好騎墮而折其髀人皆弔之其父曰此何遽不
爲福乎居一年胡人大入塞丁壯者引絃而戰近
塞之人死者十九此獨以跛之故父子相保故福之
爲禍禍之爲福化不可極深不可測也或直於辭而
不害於事者或虧於耳以忤於心而合於實者高陽
魋將爲室問匠人匠人對曰未可也木尚生加塗其
上必將撓以生材任重塗今雖成後必敗高陽魋曰
不然夫木枯則益勁塗乾則益輕以勁材任輕塗今

張賓王曰奇譎

雖惡後必善匠人窮於辭無以對受令而爲室其始成竘然善也而後果敗此所謂直於辭而不可用者也何謂虧於耳忤於心而合於實靖郭君將城薛賓客多止之弗聽靖郭君謂謁者曰無爲賓通言齊人有請見者曰臣請道三言而已過三言請烹郭君聞而見之賓趨而進再拜而興因稱曰海大魚則反走靖郭君止之曰願聞其說賓曰臣不敢以死爲戲靖郭君曰先生不遠道而至此爲寡人稱之賓曰海大魚綱弗能止也釣弗能牽也蕩而失水則螻蟻皆得

張賓王曰即上一事作此轉亦奇

志焉今夫齊君之淵也君失齊則薛能自存乎靖郭君曰善乃止不城薛此所謂虧於耳忤於心而得事實者也夫以無城薛止城薛其於以行說乃不若海大魚故物或遠之而近或近之而遠或說聽計當而身疏或言不用計不行而益親何以明之三國伐齊圍平陸括子以報於牛子曰三國之地不接於我踰鄰國而圍平陸利不足貪也然則求名於我也請以齊侯往牛子以爲善括子出無害子入牛子以括子言告無害子無害子曰異乎臣之所聞牛子曰國危

而不安患結而不解何謂貴智無害子曰臣聞之有裂壤土以安社稷者聞殺身破家以存其國者不聞出其君以爲封疆者牛子不聽無害子之言而用括子之計三國之兵罷而平陸之地存自此之後括子日以疏無害子日以進故謀患而患解圖國而國存括子之智得矣無害子之慮無中於策謀無益於國然而心調於君有義行也今人待冠而飾首待履而行地冠履之於人也寒不能煖風不能障暴不能蔽也然而冠冠履履者其所自託者然也夫咎犯戰勝

城濮而雍季無尺寸之功然而雍季先賞而咎犯後
存者其言有貴者也故義者天下之所賞也百言百
當不如擇趨而審行也或無功而先舉或有功而後
賞何以明之昔晉文公將與楚戰城濮問於咎犯曰
爲奈何咎犯曰仁義之事君子不厭忠信戰陳之事
不厭詐僞君其詐之而已矣辭咎犯問雍季雍季對
曰焚林而獵愈多得獸後必無獸以詐僞遇人雖愈
利後亦無復君其正之而已矣於是不聽雍季之計
而用咎犯之謀與楚人戰大破之還歸賞有功者先

雍季而後咎犯左右曰城濮之戰咎犯之謀也君行賞先雍季何也文公曰咎犯之言一時之權也雍季之言萬世之利也吾豈可以先一時之權而後萬世之利也哉智伯率韓魏二國伐趙圍晉陽決晉水而灌之城下緣木而處縣釜而炊襄子謂張孟談曰城中力已盡糧食匱乏大夫病爲之奈何張孟談曰亡不能存危弗能安無爲貴智士臣請試潛行見韓魏之君而約之乃見韓之君說之曰臣聞之脣亡而齒寒今智伯率二君而伐趙趙將亡矣趙亡則君爲之

次矣不及今而圖之禍將及二君二君曰智伯之爲
人也粗中而少親我謀而泄事必敗爲之奈何張孟
談曰言出君之口入臣之耳人孰知之者乎且同情
相成同利相死君其圖之二君乃與張孟談陰謀與
之期張孟談乃報襄子至其日之夜趙氏殺其守隄
之吏決水灌智伯智伯軍救水而亂韓魏翼而擊之
襄子將卒犯其前大敗智伯軍殺其身而三分其國
襄子乃賞有功者而高赫爲賞首羣臣請曰晉陽之
存張孟談之功也而赫爲賞首何也襄子曰晉陽之

圍也寡人國家危社稷殆羣臣無不有驕侮之心者唯赫不失君臣之禮吾是以先之由此觀之義者人之大本也雖有戰勝存亡之功不如行義之隆故君子曰美言可以市尊美行可以加人或有罪而可賞也或有功而可罪也西門豹治鄴廩無積粟府無儲錢庫無甲兵官無計會人數言其過於文侯文侯身行其縣果若人言文侯曰翟璜任子治鄴而大亂子能道則可不能將加誅於子西門豹曰臣聞王主富民霸王富武亡國富庫今王欲爲霸王者也臣故稸

積於民君以爲不然臣請升城鼓之一鼓甲兵粟米可立具也於是乃升城而鼓之一鼓民被甲括矢操兵弩而出再鼓負輦粟而至文矦曰罷之西門豹曰與民約信非一日之積也一舉而欺之後不可復用也燕常侵魏八城臣請北擊之以復侵地遂舉兵擊燕復地而後反此有罪而可賞者也解扁爲東封上計而入三倍有司請賞之文矦曰吾土地非益廣也人民非益衆也入何以三倍對曰以冬伐木而積之於春浮之河而鬻之文矦曰民春以力耕暑以強耘

秋以收斂冬閒無事以伐林而積之負輓而浮之河是用民不得休息也民以弊矣雖有三倍之入將焉用之此有功而可罪也賢主不苟得忠臣不苟利何以明之中行穆伯攻鼓弗能下餽聞倫曰鼓之嗇夫聞倫知之請無罷武大夫而鼓可得也穆伯弗應左右曰不折一戟不傷一卒而鼓可得也君奚爲弗使穆伯曰聞倫爲人佞而不仁若使聞倫下之吾可以勿賞乎若賞之是賞佞人佞人得志是使晉國之武舍仁而爲佞雖得鼓將何所用之攻城者欲以廣地

也得地不取者見其本而知其末也秦穆公使孟盟舉兵襲鄭過周以東鄭之賈人弦高蹇他相與謀曰師行數千里數絕諸侯之地其勢必襲鄭凡襲國者以爲無備也今示以知其情必不敢進乃矯鄭伯之命以十二牛勞之三率相與謀曰凡襲人者以爲弗知今已知之矣守備必固進必無功乃還師而反晉先軫舉兵擊之大破之殽鄭伯乃以存國之功賞弦高弦高辭之曰誕而得賞則鄭國之信廢矣爲國而無信是俗敗也賞一人而敗國俗仁者弗爲也以不

信得厚賞義者弗爲也遂以其屬徙東夷終身不反
故仁者不以欲傷生知者不以利害義聖人之思脩
愚人之思叕忠臣者務崇君之德諂臣者務廣君之
地何以明之陳夏徵舒弒其君楚莊王伐之陳人聽
令莊王以討有罪遣卒戍陳大夫畢賀申叔時使於
齊反還而不賀莊王曰陳爲無道寡人起九軍以討
之征暴亂誅罪人羣臣皆賀而子獨不賀何也申叔
時曰牽牛蹊人之田田主殺其人而奪之牛罪則有
之罰亦重矣今君王以陳爲無道興兵而攻因以誅

罪人遺人戍陳諸侯聞之以王爲非誅罪人也貪陳國也蓋聞君子不棄義以取利王曰善乃罷陳之戍立陳之後諸侯聞之皆朝於楚此務崇君之德者也張武爲智伯謀曰晉六將軍中行文子最弱而上下離心可伐以廣地於是伐范中行滅之矣又教智伯求地於韓魏趙韓魏裂地而授之趙氏不與乃率韓魏而伐趙圍之晉陽三年三國陰謀同計以擊智氏遂滅之此務爲君廣地者也夫爲君崇德者霸爲君廣地者滅故千乘之國行文德者王湯武是也萬乘

之國好廣地者亡智伯是也非其事者勿仞也非其名者勿就也無故有顯名者勿處也無功而富貴者勿居也夫就人之名者廢仞人之事者敗無功而大利者後將爲害譬猶緣高木而望四方也雖愉樂哉然而疾風至未嘗不恐也患及身然後憂之六驥追之弗能及也是故忠臣事君也計功而受賞不爲苟得積力而受官不貪爵祿其所能者受之勿辭也其所不能者與之勿喜也辭所能則匿欲所不能則惑辭所不能而受所能則得無損墮之勢而無不勝之

任矣。昔者智伯驕，伐范中行而克之，又劫韓魏之君而割其地，尚以爲未足，遂興兵伐趙，韓魏反之，軍敗晉陽之下，身死高梁之東，頭爲飲器，國分爲三，爲天下笑，此不知足之禍也。老子曰：知足不辱，知止不殆，可以脩久。此之謂也。或譽人而適足以敗之，或毀人而乃反以成之。何以知其然也？費無忌復於荆平王曰：晉之所以霸者，近諸夏也，而荆之所以不能與之爭者，以其僻遠也。楚王若欲從諸侯，不若大城城父，而令太子建守焉，以來北方，王自收其南，是得天下

也楚王悅之因命太子建守城父命伍子奢傅之居
一年伍子奢遊人於王側言太子甚仁且勇能得民
心王以告費無忌無忌曰臣固聞之太子內撫百姓
外約諸侯齊晉又輔之將以害楚其事已構矣王曰
爲我太子又求何求曰以秦女之事怨王王因殺太
子建而誅伍子奢此所謂見譽而爲禍者也何謂毀
人而反利之唐子短陳駢子於齊威王威王欲殺之
陳駢子與其屬出亡奔薛孟嘗君聞之使人以車迎
之至而養以芻豢黍粱五味之膳日三至冬日被裘

罽夏日服絺紵出則乘牢車駕良馬孟嘗君問之曰
夫子生於齊長於齊夫子亦何思於齊對曰臣思夫
唐子者孟嘗君曰唐子者非短子者耶曰是也孟嘗
君曰子何爲思之對曰臣之處於齊也糲粢之飯藜
藿之羹冬日則寒凍夏日則暑傷自唐子之短臣也
以身歸君食芻豢飯黍粱服輕煖乘牢良臣故思之
此謂毀人而反利之者也是故毀譽之言不可不審
也或貪生而反死或輕死而得生或徐行而反疾何
以知其然也魯人有爲父報讐於齊者刳其腹而見

其心坐而正冠起而更衣徐行而出門上車而步馬顔色不變其御欲驅撫而止之曰今日爲父報讐以出死非爲生也今事已成矣又何去之追者曰此有節行之人不可殺也解圍而去之使被衣不暇帶冠不及正蒲伏而走上車而馳必不能自免於千步之中矣今坐而正冠起而更衣徐行而出門上車而步馬顔色不變此衆人所以爲死也而乃反以得活此所謂徐而馳遲於步也夫走者人之所以爲疾也步者人之所以爲遲也今反乃以人之所爲遲者反爲

前幾段皆此意也後又是一意見神聖能知此道

疾明於分也有知徐之爲疾遲之爲速者則幾於道矣故黃帝亡其玄珠使離朱捷剟索之而弗能得之也於是使忽怳而後能得之聖人敬小慎微動不失時百射重戒禍乃不滋計福勿及慮禍過之同日被霜蔽者不傷愚者有備與知者同功夫爝火在縹煙之中也一指之所能息也塘漏若鼷穴一墣之所能塞也及至火之燔孟諸而炎雲臺水決九江而漸荆州雖起三軍之衆弗能救也夫積愛成福積怨成禍若癰疽之必潰也所浼者多矣諸御鞅復於簡公曰

陳成常宰予二子者甚相憎也臣恐其構難而危國也君不如去一人簡公不聽居無幾何陳成常果攻宰予於庭中而弒簡公於朝此不知敬小之所生也魯季氏與郈氏鬭雞郈氏介其雞而季氏爲之金距季氏之雞不勝季平子怒因侵郈氏之宮而築之郈昭伯怒傷之魯昭公曰禱於襄公之廟舞者二人而已其餘盡舞於季氏季氏之無道無上久矣弗誅必危社稷公以告子家駒子家駒曰季氏之得衆三家爲一其德厚其威強君胡得之昭公弗聽使郈昭伯

將卒以攻之仲孫氏季孫氏相與謀曰無季氏死亡無日矣遂興兵以救之郈昭伯不勝而死魯昭公出奔齊故禍之所從生者始於雞足及其大也至於亡社稷故蔡女蕩舟齊師大侵楚兩人搆怨廷殺宰予簡公遇殺身死無後陳氏代之齊乃無君兩家鬬雞季氏金距郈公作難魯昭公出走故師之所處生以棘楚禍生而不蚤滅若火之得燥水之得濕浸而益大癰疽發於指其痛遍於體故蠹喙剖梁柱蚉䖟走牛羊此之謂也人皆務於救患之備而莫能知使患

前所謂術者至此方露

無生夫使患無生易於救患而莫能加務焉則未可與言術也晉公子重耳過曹曹君欲見其駢脇使之袒而捕魚釐負羈止之曰公子非常也從者三人皆霸王之佐也遇之無禮必爲國憂君弗聽重耳不國起師而伐曹遂滅之身死人手社稷爲墟禍生於袒而捕魚齊楚欲救曹不能存也聽釐負羈之言則無亡患矣今不務使患無生患生而救之雖有聖知弗能爲謀且患禍之所由來者萬端無方是故聖人深居以避辱靜安以待時小人不知禍福之門戶妄動

而綷羅紈。雖曲爲之備。何足以全其身。譬猶失火而鑿池。被裘而用箑也。且塘有萬穴。塞其一。魚遽無由出。室有百戶。閉其一。盜遽無從入。夫牆之壞也於隙。劍之折必有齧。聖人見之蚤。故萬物莫能傷也。太宰子朱侍飯於令尹子國。令尹子國啜羹而熱。投卮漿而沃之。明日。太宰子朱辭官而歸。其僕曰。楚太宰未易得也。辭官去之。何也。子朱曰。令尹輕行而簡禮。其辱人不難。明年。伏郎尹而笞之三百。夫仕者先避之。見終始微矣。夫鴻鵠之未孚於卵也。一指蔑之。則靡而無形矣及至其筋骨之已就而羽翮之所成也則奮翼揮䎗淩乎浮雲背負青天膺摩赤霄翱翔乎忽荒之上徜徉乎虹蜺之間雖有勁弩利矰微繳蒲且子之巧亦弗能加也江水之始出於岷山也可攓裳而越也及至乎下洞庭鶩石城經丹徒起波濤舟杭一日不能濟也是故聖人者常從事於無形之外而不留思盡慮於成事之內是故患禍弗能傷也人或問孔子曰顏回何如人也曰仁人也丘弗如也子貢何如人也曰辯人也丘弗如也子路何人也曰勇人

也丘弗如也賓曰三人皆賢夫子而爲夫子役何也孔子曰丘能仁且忍辯且訥勇且怯以三子之能易丘一道丘弗爲也孔子知所施之也秦牛缺徑於山中而遇盜奪之車馬解其橐笥拖其衣被盜還反顧之無懼色憂志驩然有以自得也盜遂問之曰吾奪子財貨劫子以刀而志不動何也秦牛缺曰車馬所以載身也衣被所以揜形也聖人不以所養害其養盜相視而笑曰夫不以欲傷生不以利累形者世之聖人也以此而見王者必且以我爲事也還反殺之

此早見識微非聖人不能

此能以知知矣而未能以知不知也能勇於敢而未能勇於不敢也凡有道者應卒而不乏遭難而能免故天下貴之今知所以自行也而未知所以爲人行也其所論未之究者也人能由昭昭於冥冥則幾於道矣詩曰人亦有言無哲不愚此之謂也事或爲之適足以敗之或備之適足以致之何以知其然也秦皇挾錄圖見其傳曰亡秦者胡也因發卒五十萬使蒙公楊翁子將築脩城西屬流沙北擊遼水東結朝鮮中國內郡輓車而餉之又刹越之犀角象齒翡翠

珠璣乃使尉屠睢發卒五十萬爲五軍一軍塞鐔城之嶺一軍守九嶷之塞一軍處番禺之都一軍守南野之界一軍結餘干之水三年不解甲弛弩使監祿無以轉餉又以卒鑿渠而通糧道以與越人戰殺西嘔君譯吁宋而越人皆入叢薄中與禽獸處莫肯爲秦虜相置桀駿以爲將而夜攻秦人大破之殺尉屠睢伏尸流血數十萬乃發適戍以備之當此之時男子不得脩農畝婦人不得剡麻考縷羸弱服格於道大夫箕會於衢病者不得養死者不得葬於是陳勝

起於大澤奮臂大呼天下席卷而至於戲劉項與義兵隨而定若折槁振落遂失天下禍在備胡而利越也欲知築脩城以備亡不知築脩城之所以亡也發適戍以備越而不知難之從中發也夫鵲先識歲之多風也去高木而巢扶枝大人過之則探鷇嬰兒過之則挑其卵知備遠難而忘近患故秦之設備也鳥鵲之智也或爭利而反強之或聽從而反止之何以知其然也魯哀公欲西益宅史爭之以爲西益宅不祥哀公作色而怒左右數諫不聽乃以問其傳宰折

雎曰吾欲益宅而史以爲不祥子以爲何如宰折雎曰天下有三不祥西益宅不與焉哀公大悅而喜頃復問曰何謂三不祥對曰不行禮義一不祥也嗜慾無止二不祥也不聽強諫三不祥也哀公默然深念憤然自反遂不西益宅夫史以爭爲可以止之而不知不爭而反取之也智者離路而得道愚者守道而失路夫兒説之巧於閉結無不解非能閉結而盡解之也不解不可解也至乎以弗解解之者可與及言論矣或明禮義推道禮而不行或解構妄言而反當

何以明之孔子行遊馬失食農夫之稼野人怒取馬而繫之子貢往説之畢辭而不能得也孔子曰夫以人之所不能聽説人譬以大牢享野獸以九部樂飛鳥也予之罪也非彼人之過也乃使馬圉往説之至見野人曰子耕於東海至於西海吾馬之失安得不食子之苗野人大喜解馬而與之説若此其無方也而反行事有所至而巧不若拙故聖人量鑿而正枘夫歌采菱發陽阿鄙人聽之不若此延路陽局非歌者拙也聽者異也故交畫不暢連環不解物之不通

者聖人不爭也仁者百姓之所慕也義者衆庶之所高也爲人之所慕行人之所高此嚴父之所以教子而忠臣之所以事君也然世或用之而身死國亡者不同於時也昔徐偃王好行仁義陸地之朝者三十二國王孫厲謂楚莊王曰王不伐徐必反徐朝王曰偃王有道之君也好行仁義不可伐王孫厲曰臣聞之大之與小強之與弱也猶石之投卵虎之啗豚文何疑焉且夫爲文而不能達其德爲武而不能任其力亂莫大焉楚王曰善乃舉兵而伐徐遂滅之此仁

義而不知世變者也申菽杜茝美人之所懷服也及漸之於滫則不能保其芳矣古者五帝貴德三王用義五霸任力今取帝王之道而施之五霸之世是由乘驥逐人於榛薄而蓑笠盤旋也今霜降而樹穀氷泮而求穫欲其食則難矣故易曰潛龍勿用者言時之不可以行也故君子終日乾乾夕惕若厲無咎終日乾乾以陽動也夕惕若厲以陰息也因日以動因夜以息唯有道者能行之夫徐偃王爲義而滅燕子噲行仁而亡哀公好儒而削代君爲墨而殘滅亡削

殘暴亂之所致也而四君獨以仁義儒墨而亡者遭時之務異也非仁義儒墨不行非其世而用之則爲之擒矣夫戟者所以攻城也鏡者所以照形也宮人得戟則以刈葵盲者得鏡則以蓋卮不知所施之也故善鄙不同誹譽在俗趨舍不同逆順在君狂譎不受祿而誅段干木辭相而顯所行同也而利害異者時使然也故聖人雖有其志不遇其世僅足以容身何功名之可致也知天之所爲知人之所行則有以任於世矣知天而不知人則無以與俗交知人而不

知天則無以與道遊單豹倍世離俗巖居谷飲不衣絺麻不食五穀行年七十猶有童子之顏色卒而遇饑虎殺而食之張毅好恭過宫室廊廟必趨見門閭聚衆必下廝徒馬圉皆與伉禮然不終其壽內熱而死豹養其內而虎食其外毅脩其外而疾攻其內故直意適情則堅強賊之以身役物則陰陽食之此皆載務而戲乎其調者也得道之士外化而內不化外化所以入人也內不化所以全身也故內有一定之操而外能詘伸贏縮卷舒與物推移故萬舉而不陷

所以貴聖人者以其能龍變也今捲捲然守一節推一行雖以毁碎滅沉猶且弗易者此察於小好而塞於大道也趙宣孟活饑人於委桑之下而天下稱仁焉荆佽非犯河中之難不失其守而天下稱勇焉是故見小行則可以論大體矣田子方見老馬於道喟然有志焉以問其御曰此何馬也其御曰此故公家畜也老罷而不爲用出而鬻之田子方曰少而貪其力老而棄其身仁者弗爲也束帛以贖之罷武聞之知所歸心矣齊莊公出獵有一蟲舉足將搏其輪問

其御曰此何蟲也對曰此所謂螳螂者也其爲蟲也知進而不知却不量力而輕敵莊公曰此爲人而必爲天下勇武矣廻車而避之勇武聞之知所盡死矣故田子方隱一老馬而魏國載之齊莊公避一螳螂而勇武歸之湯教祝綱者而四十國朝文王葬死人之骸而九夷歸之武王蔭暍人於樾下左擁而右扇之而天下懷其德越王句踐一決獄不辜援龍淵而切其股血流至足以自罰也而戰武士必其死故聖人行之於小則可以覆大矣審之於近則可以懷遠

矣。孫叔敖決期思之水，而灌雩婁之野。莊王知其可以爲令尹也。子發辯擊劇而勞佚齊，楚國知其可以爲兵主也。此皆形於小微而通於大理者也。聖人之舉事，不加憂焉，察其所以而已矣。今萬人調鍾，不能比之律，誠得知者一人而足矣。説者之論亦猶此也，誠得其數則無所用多矣。夫車之所以能轉千里者，以其要在三寸之轄。夫勸人而弗能使也，禁人而弗能止也，其所由者非理也。昔者衛君朝於吴，吴王囚之，欲流之於海，説者冠蓋相望而弗能止。魯君聞之，

撤鍾鼓之縣縞素而朝仲尼入見曰君胡爲有憂色
魯君曰諸侯無親以諸侯爲親大夫無黨以大夫爲
黨今衛君朝於吳王吳王囚之而欲流之於海孰衛
君之仁義而遭此難也吾欲免之而不能爲奈何仲
尼曰若欲免之則請子貢行魯君召子貢授之將軍
之印子貢辭曰賞無益於解患在所由之道斂躬而
行至於吳見太宰嚭太宰嚭甚悅之欲薦之於王子
貢曰子不能行說於王奈何吾因子也太宰嚭曰子
焉知嚭之不能也子貢曰衛君之來也衛國之半曰

不若朝於晉其半曰不若朝於吴然衛君以爲吴可以歸骸骨也故束身以受命今子受衛君而囚之又欲流之於海是賞言朝於晉者而罰言朝於吴也且衛君之來也諸侯皆以爲蓍龜兆今朝於吴而不利則皆移心於晉矣子之欲成霸王之業不亦難乎太宰嚭入復之於王王報出令於百官曰比十日而衛君之禮不具者死子貢可謂知所以説矣魯哀公爲室而大公宣子諫曰室大衆與人處則譁少與人處則悲願公之適公曰寡人聞命矣築室不輟公宣子

復見曰國小而室大百姓聞之必怨吾君諸矦聞之必輕吾國魯君曰聞命矣築室不輟公宣子復見曰左昭而右穆爲大室以臨二先君之廟得無害於子乎公乃令罷役除版而去之魯君之欲爲室誠矣公宣子止之必矣然三說而一聽者其二者非其道也夫臨河而釣日入而不能得一儵魚者非江河魚不食也所以餌之者非其欲也及至良工執竿投而擐脣吻者能以其所欲而釣者也夫物無不可奈何有人無奈何鉛之與丹異類殊色而可以爲丹者得其

張賓王曰用前體製收前數十段妙

數也故繁稱文辭無益於說審其所由而已矣物類
之相摩近而異門戶者衆而難識也故或類之而非
或不類之而是或若然而不然者或不若然而然者
諺曰鳶墮腐鼠而虞氏以亡何謂也曰虞氏梁之大
富人也家充盈殷富金錢無量財貨無貲升高樓臨
大路設樂陳酒積博其上游俠相隨而行樓下博上
者射朋張中反兩而笑飛鳶適墮其腐鼠而中游俠
游俠相與言曰虞氏富樂之日久矣而常有輕易人
之志吾不敢侵犯而乃辱我以腐鼠如此不報無以

立慬於天下，請與公僇力一志，悉率徒屬，而必以滅其家。此所謂類之而非者也。何謂非類而是？屈建告石乞曰：「白公勝將爲亂。」石乞曰：「不然。白公勝卑身下士，不敢驕賢，其家無筦籥之信、關楗之固，大斗斛以出，輕斤兩以內。」而乃論之以不宜也。屈建曰：「此乃所以反也。」居三年，白公勝果爲亂，殺令尹子椒、司馬子期。此所謂弗類而是者也。何謂若然而不然？子發爲上蔡令，民有罪當刑，獄斷論定，決於令尹前，子發喟然有悽愴之心。罪人已刑而不忘其恩。此其後子發盤罪威王而出奔刑者遂襲恩者恩者逃之於城下之廬追者至踹足而怒曰子發視決吾罪而被吾刑怨之憯於骨髓使我得其肉而食之其知厭乎追者以爲然而不索其內果活子發此所謂若然而不若然者何謂不然而若然者昔越王句踐卑下吳王夫差請身爲臣妻爲妾奉四時之祭祀而入春秋之貢職委社稷效民力隱居爲蔽而戰爲鋒行禮甚卑辭甚服其離叛之心遠矣然而甲卒三千人以擒夫差於姑胥此四策者不可不審也夫事之所以難知者

應前起處之意

以其竄端匿跡立私於公倚邪於正而以勝惑人之心者也若使人之所懷於內者與所見於外者若合符節則天下無亡國破家矣夫狐之捕雉也必先卑體彌耳以待其來也雉見而信之故可得而擒也使狐瞋目植睹見必殺之勢雉亦知驚憚遠飛以避其怒矣夫人僞之相欺也非直禽獸之詐計也物類相似若然而不可從外論者衆而難識矣是故不可不察也

張賓王曰以性道事變總起中歷歷數利害損益功罪予奪遠近親疎微著等相反相合之微幾而總收之蓋鴻烈之極有局者

張賓王曰实而起甚有鋒穎

淮南鴻烈解卷十九

脩務訓

或曰無爲者寂然無聲漠然不動引之不來推之不往如此者乃得道之像吾以爲不然嘗試問之矣若夫神農堯舜禹湯可謂聖人乎有論者必不能廢以五聖觀之則莫得無爲明矣古者民茹草飲水采樹木之實食蠃蠬之肉時多疾病毒傷之害於是神農乃始教民播種五穀相土地宜燥濕肥墝高下嘗百草之滋味水泉之甘苦令民知所避就當此之時一

日而遇七十毒堯立孝慈仁愛使民如子弟西教沃民東至黑齒北撫幽都南道交趾放讙兜於崇山竄三苗於三危流共工於幽州殛鯀於羽山舜作室築牆茨屋辟地樹穀令民皆知去巖穴各有家室南征三苗道死蒼梧禹沐浴霪雨櫛扶風決江疏河鑿龍門闢伊闕脩彭蠡之防乘四載隨山栞木平治水土定千八百國湯夙興夜寐以致聰明輕賦薄斂以寬民氓布德施惠以振困窮弔死問疾以養孤孀百姓親附政令流行乃整兵鳴條困夏南巢譙以其過放

之歷山此五聖者天下之盛主勞形盡慮爲民興利
除害而不懈奉一爵酒不知於色挈一石之尊則白
汗交流又況羸天下之憂而海內之事者乎其重於
尊亦遠也且夫聖人者不耻身之賤而愧道之不行
不憂命之短而憂百姓之窮是故禹之爲水以身解
於陽盱之河湯旱以身禱於桑山之林聖人憂民如
此其明也而稱以無爲豈不悖哉且古之立帝王者
非以奉養其欲也聖人踐位者非以逸樂其身也爲
天下强掩弱衆暴寡詐欺愚勇侵怯懷知而不以相

教積財而不以相分故立天子以齊之爲一人聰明
而不足以遍照海內故立三公九卿以輔翼之絕國
殊俗僻遠幽間之處不能被德承澤故立諸侯以教
誨之是以地無不任時無不應官無隱事國無遺利
所以衣寒食饑養老弱而息勞倦也若以布衣徒步
之人觀之則伊尹負鼎而干湯呂望鼓刀而入周伯
里奚轉鬻管仲束縛孔子無黔突墨子無煖席是以
聖人不高山不廣河蒙恥辱以干世主非以貪祿慕
位欲事起天下利而除萬民之害蓋聞傳書曰神農

此其本旨

張賓王曰議論精晰古聖人之有爲者亦得此道非眞一無所爲若首之所云也

憔悴。堯瘦臞。舜黴黑。禹胼胝。由此觀之。則聖人之憂勞百姓甚矣。故自天子以下。至於庶人。四胑不動。思慮不用。事治求贍者。未之聞也。夫地勢水東流。人必事焉。然後水潦得谷行。禾稼春生。人必加功焉。故五穀得遂長。聽其自流。待其自生。則鯀禹之功不立。而后稷之智不用。若吾所謂無爲者。私志不得入公道。嗜欲不得枉正術。循理而舉事。因資而立權。自然之勢。而曲故不得容者。政事而身弗伐。功立而名弗有。非謂其感而不應。攻而不動者。若夫以火熯井。以淮

有爲與無爲同道

灌山此用巳而背自然故謂之有爲若夫水之用舟沙之用鳩泥之用輴山之用蔂夏瀆而冬陂因高爲田因下爲池此非吾所謂爲之聖人之從事也殊體而合於理其所由異路而同歸其存危定傾若一志不忘於欲利人也何以明之昔者楚欲攻宋墨子聞而悼之自魯趍而十日十夜足重繭而不休息裂衣裳裹足至於郢見楚王曰臣聞大王舉兵將攻宋計必得宋而後攻之乎亡其苦衆勞民頓兵剉鋭負天下以不義之名而不得咫尺之地猶且攻之乎王曰

必不得宋又且爲不義曷爲攻之墨子曰臣見大王之必傷義而不得宋王曰公輸天下之巧士作雲梯之械設以攻宋曷爲弗取墨子曰令公輸設攻臣請守之於是公輸般設攻宋之械墨子設守宋之備九攻而墨子九却之弗能入於是乃偃兵輟不攻宋段木木辭祿而處家魏文侯過其閭而軾之其僕曰君何爲軾文侯曰段干木在是以軾其僕曰段干木布衣之士君軾其閭不已甚乎文侯曰段干木不趍勢利懷君子之道隱處窮巷聲施千里寡人敢勿軾乎

喻明上意

段干木光於德，寡人光於勢；段干木富於義，寡人富於財。勢不若德尊，財不若義高。干木雖以巳易寡人不爲，吾曰悠悠慙於影，子何以輕之哉！其後秦將起兵伐魏，司馬庚諫曰：段干木賢者，其君禮之，天下莫不知，諸侯莫不聞，舉兵伐之，無乃妨於義乎？於是秦乃偃兵輟不攻魏。夫墨子跌蹏而趍千里，以存楚宋；段干木闔門不出，以安秦魏。夫行與止也，其勢相反，而皆可以存國，此所謂異路而同歸者也。今夫救火者，汲水而趍之，或以甕瓴，或以盆盂，其方員銳橢不

世俗不知學故不知古之聖不知今之時故以後通論學之當務又不可貴古而賤今

同盛水各異其於滅火鈞也故秦楚燕魏之謌也異轉而皆樂九夷八狄之哭也殊聲而皆悲一也夫謌者樂之徵也哭者悲之效也憤於中則應於外故在所以感夫聖人之心日夜不忘於欲利人其澤之所及者効亦大矣世俗廢衰而非學者多人性各有所脩短若魚之躍若鵲之駮此自然者不可損益吾以爲不然夫魚者躍鵲者駮也猶人馬之爲人馬筋骨形體所受於天不可變以此論之則不類矣夫馬之爲草駒之時跳躍揚蹏翹尾而走人不能制齕咋足

以噆肌碎骨蹶蹏足以破盧陷匈及至圉人擾之良御教之掩以衡扼連以轡銜則雖歷險超壍弗敢辭故其形之爲馬馬不可化其可駕御教之所爲也馬聾蟲也而可以通氣志猶待教而成又況人乎且夫身正性善發憤而成仁帽憑而爲義性命可說不待學問而合於道者堯舜文王也沉湎耽荒不可教以道而可喻以德嚴父弗能正賢師不能化者丹朱商均也曼頰皓齒形夸骨佳不待脂粉芳澤而性可說者西施陽文也啳睽哆噅籧蒢戚施雖粉白黛黑弗

能爲美者嫫毋仳倠也夫上不及堯舜下不及商均
美不及西施惡不若嫫母此教訓之所諭也而芳澤
之所施且子有弑父者然而天下莫疏其子何也愛
父者衆也儒有邪辟者而先王之道不廢何也其行
之者多也今以爲學者之有過而非學者則是以一
飽之故絕穀不食以一蹪之難輟足不行惑也今有
良馬不待策錣而行駑馬雖策錣之不能進爲此不
用策錣而御則愚矣夫怯夫操利劒擊則不能斷刺
則不能入及至勇武攘捲一擣則摺脇傷幹爲此棄

于將鏌邪而以手戰則悖矣所爲言者齊於衆而同於俗今不稱九天之頂則言黃泉之底是兩末之端議何可以公論乎夫橘柚冬生而人曰冬死死者衆薺麥夏死人曰夏生生者衆江河之回曲亦時有南北者而人謂江河東流攝提鎮星日月東行而人謂星辰日月西移者以大氐爲本胡人有知利者而人謂之經越人有重遲者而人謂之訬以多者名之若夫堯眉八彩九竅通同而公正無私一言而萬民齊舜二瞳子是謂重明作事成法出言成章禹耳參漏

是謂大通。興利除害，疏河決江，文王四乳，是謂大仁，天下所歸，百姓所親。皋陶馬喙，是謂至信，決獄明白，察於人情。禹生於石，契生於卵，史皇產而能書，羿左臂脩而善射。若此九賢者，千歲而一出，猶繼踵而生。今無五聖之天奉，四俊之才難，欲棄學而循性，是謂猶釋船而欲蹙水也。夫純鈎魚腸劒之始下型，擊則不能斷，刺則不能入，及加之砥礪，摩其鋒剽，則水斷龍舟，陸剸犀甲。明鏡之始下型，曚然未見形容，及其粉以玄錫，摩以白旃，鬢眉微毫可得而察。夫學亦人之砥錫也而謂學無益者所以論之過知者之所短不若愚者之所脩賢者之所不足不若衆人之有餘何以知其然夫宋畫吳冶刻刑鏤法亂脩曲出其爲微妙堯舜之聖不能及蔡之幼女衞之稚質梱纂組雜奇彩抑黒質揚赤文禹湯之智不能逮夫天之所覆地之所載包於六合之内託於宇宙之閒陰陽之所生血氣之精含牙戴角前爪後距奮翼攫肆蚑行蟯動之蟲喜而合怒而鬬見利而就避害而去其情一也雖所好惡其與人無以異然其爪牙雖利筋骨

雖彊不免制於人者知不能相通才力不能相一也各有其自然之勢無禀受於外故力竭功沮夫鴈順風以愛氣力銜蘆而翔以備矰弋螘知爲垤貛貉爲曲穴虎豹有茂草野彘有艽莦槎櫛堀虚連比以像宫室陰以防雨景以蔽日此亦鳥獸之所以知求合於其所利今使人生於辟陋之國長於窮櫚漏室之下長無兄弟少無父母目未嘗見禮節耳未嘗聞先古獨守專室而不出門使其性雖不愚然其知者必寡矣昔者蒼頡作書容成造曆胡曹爲衣后稷耕家

儀狄作酒奚仲爲車此六人者皆有神明之道聖智之迹故人作一事而遺後世非能一人而獨兼有之各悉其知貴其所欲達遂爲天下備今使六子者易事而明弗能見者何萬物至衆而知不足以奄之周室以後無六子之賢而皆脩其業當世之人無一人之才而知其六賢之道者何教順施續而知能流通由此觀之學不可已明矣今夫盲者目不能别晝夜分白黑然而搏琴撫弦參彈復徽攫援摽拂手若蔑蒙不失一弦使未嘗鼓瑟者雖有離朱之明攫掇之

捷。猶不能屈伸其指。何則。服習積貫之所致。故弓待檠而後能調。劍待砥而後能利。玉堅無敵。鏤以爲獸首尾成形。礛諸之功。木直中繩。揉以爲輪。其曲中規。隱括之力。唐碧堅忍之類。猶可刻鏤。揉以成器用。又況心意乎。且夫精神滑淖纖微。倏忽變化。與物推移。雲蒸風行。在所設施。君子有能精搖摩監。砥礪其才。自試神明。覽物之博。通物之壅。觀始卒之端。見無外之境。以逍遥仿佯於塵埃之外。超然獨立。卓然離世。此聖人之所以游心。若此而不能閑居靜思。鼓琴讀書追觀上古及賢大夫學問講辯日以自娛蘇援世事分白黑利害籌策得失以觀禍福設儀立度可以爲法則窮道本末究事之情立是廢非明示後人死有遺業生有榮名如此者人才之所能逮然而莫能至焉者偷慢懈惰多不暇日之故夫瘠地之民多有心者勞也沃地之民多不才者饒也由此觀之知人無務不若愚而好學自人君公卿至於庶人不自疆而功成者天下未之有也詩云日就月將學有緝熙於光明此之謂也名可務立功可疆成故君子積志

委正以趣明師厲節亢高以絶世俗何以明之昔者
南策疇耻聖道之獨亡於巳身淬霜露敕蹻趹跋涉
山川冐蒙荆棘百舍重跰不敢休息南見老聃受教
一言精神曉泠鈍聞條達欣然七日不食如饗太牢
是以明照四海名施後世達略天地察分秋毫稱譽
葉語至今不休此所謂名可彊立者吳與楚戰莫囂
大心撫其御之手曰今日距彊敵犯白刃蒙矢石戰
而身死卒勝民治全我社稷可以庶幾乎遂入不返
決腹斷頭不旋踵運軌而死申包胥竭筋力以赴嚴

學不可強乎

敵伏尸流血不過一卒之才不如約身甲辭求救於諸侯於是乃贏糧跣走跋涉谷行上峭山赴深谿游川水犯津關獵蒙籠蹷沙石蹠達膝曾繭重胝七日七夜至於秦庭鶴跱而不食晝吟宵哭面若死灰顔色黴黑涕液交集以見秦王曰吳爲封豨脩蛇蠶食上國雹始於楚寡君失社稷越在草茅百姓離散夫婦男女不遑啟處使下臣告急秦王乃發車千乘步卒七萬屬之子虎踰塞而東擊吳濁水之上果大破之以存楚國烈藏廟堂著於憲法此功之可彊成者

也夫七尺之形心致憂愁勞苦膚知痛疾寒暑人情一也聖人知時之難得務可趣也苦身勞形焦心怖肝不避煩難不違危殆蓋聞子發之戰進如激矢合如雷霆解如風雨員之中規方之中矩破敵陷陳莫能壅御澤戰必克攻城必下彼非輕身而樂死務在於前遺利於後故名立而不墮此自強而成功者也是故田者不強囷倉不盈官御不厲心意不精將相不強功烈不成侯王懈惰後世無名詩云我馬唯騏六轡如絲載馳載驅周爰諮謨以言人之有所務也

學貴通時得其畧而不得其微鮮不以古今為是非矣

通於物者不可驚以怪喻於道者不可動以奇察於辭者不可耀以名審於形者不可遯以狀世俗之人多尊古而賤今故爲道者必託之於神農黃帝而後能入說亂世闇主高遠其所從來因而貴之爲學者蔽於論而尊其所聞相與危坐而稱之正領而誦之此見是非之分不明夫無規矩雖奚仲不能以定方圓無準繩雖魯般不能以定曲直是故鍾子期死而伯牙絕弦破琴知世莫賞也惠施死而莊子寢說言見世莫可爲語者也夫項託七歲爲孔子師孔子有

學而不知道者何以異此

以聽其言也以年之少爲閭丈人說救敲不給何道
之能明也昔者謝子見於秦惠王惠王說之以問唐
姑梁唐姑梁曰謝子山東辯士固權說以取少主惠
王因藏怒而待之後日復見逆而弗聽也非其說異
也所以聽者易夫以徵爲羽非絃之罪以甘爲苦非
味之過楚人有烹猴而召其鄰人以爲狗羹也而甘
之後聞其猴也據地而吐之盡瀉其食此未始知味
者也邯鄲師有出新曲者託之李奇諸人皆爭學之
後知其非也而皆棄其曲此未始知音者也鄙人有

得玉璞者喜其狀以爲寶而藏之以示人人以爲石也因而棄之此未始知玉者也故有符於中則貴是而同今古無以聽其說則所從來者遠而貴之耳此和氏之所以泣血於荆山之下今劒或絶側羸文齧缺卷鋌而稱以頊襄之劒則貴人爭帶之琴或撥剌枉橈闊解漏越而稱以楚莊之琴側室爭鼓之苗山之鋌羊頭之銷雖水斷龍舟陸剸兕甲莫之服帶山桐之琴澗梓之腹雖鳴廉隅脩營唐牙莫之鼓也通人則不然服劒者期於銛利而不期於墨陽莫邪乘

馬者期於千里而不期於騂驑綠耳鼓琴者期於鳴
廉脩營而不期於濫脅號鍾誦詩書者期於通道畧
物而不期於洪範商頌聖人見是非若白黑之於目
辯淸濁之於耳聽衆人則不然中無主以受之譬若
遺腹子之上隴以禮哭泣之而無所歸心故夫孿子
之相似者唯其母能知之玉石之相類者唯良工能
識之書傳之微者唯聖人能論之今取新聖人書名
之孔墨則弟子句指而受者必衆矣故美人者非必
西施之種通士者不必孔墨之類曉然意有所通於

物故作書以喻意以爲知者也誠得清明之士執玄鑑於心照物明白不爲古今易意攄書明指以示之雖闔棺亦不恨矣昔晉平公令官爲鍾鍾成而示師曠師曠曰鍾音不調平公曰寡人以示工工皆以爲調而以爲不調何也師曠曰使後世無知音者則已若有知音者必知鍾之不調故師曠之欲善調鍾也以爲後之有知音者也三代與我同行五伯與我齊智彼獨有聖智之實我曾無有閭里之聞窮巷之知者何彼并身而立節我誕謾而悠忽今夫毛嬙西施

天下之美人若使之銜腐鼠蒙蝟皮衣豹裘帶死蛇則布衣韋帶之人過者莫不左右睥睨而掩鼻嘗試使之施芳澤正娥眉設笄珥衣阿錫曳齊紈粉白黛黑佩玉環揄步雜芝若籠蒙目視冶由笑目流眺口曾撓奇牙出䤋酺搖則雖王公大人有嚴志頡頏之行者無不憚悇癢心而悅其色矣今以中人之才蒙愚惑之智被汙辱之行無本業所脩方術所務焉得無有睥面掩鼻之容哉今鼓舞者繞身若環曾撓摩地扶旋猗那動容轉曲便媚擬神身若秋葯被風髮

若結旌騁馳若鶩木熈者舉梧檟據句枉蝯自縱好

茂葉龍夭矯燕枝拘援豐條舞扶疏龍從鳥集搏援

攫肆蔑蒙踊躍且夫觀者莫不爲之損心酸足彼乃

始徐行微笑被衣脩擢夫鼓舞者非柔縱而木熈者

非眇勁淹浸漸靡使然也是故生木之長莫見其益

有時而脩砥礪礳監莫見其損有時而薄藜藿之生

蝡蝡然日加數寸不可以爲櫨棟楩柟豫章之生也

七年而後知故可以爲棺舟夫事有易成者名小難

成者功大君子脩美雖未有利福將在後至故詩云

日就月將。學有緝熙于光明。此之謂也。

張賓王曰與治力學皆世務當脩者截然兩段另是一格

淮南鴻烈解卷二十

泰族訓

天設日月列星辰調陰陽張四時日以暴之夜以息之風以乾之雨露以濡之其生物也莫見其所養而物長其殺物也莫見其所喪而物亡此之謂神明聖人象之故其起福也不見其所由而福起其除禍也不見其所以而禍除遠之則邇延之則疏稽之弗得察之不虛日計無筭歲計有餘夫濕之至也莫見其形而炭已重矣風之至也莫見其象而木已動矣日

聖人能神而化之有本在

之行也不見其移騏驥倍日而馳草木爲之靡縣烽
未轉而日在其前故天之且風草木未動而鳥已翔
矣其且雨也陰曀未集而魚已噞矣以陰陽之氣相
動也故寒暑燥濕以類相從聲響疾徐以音相應也
故易曰鳴鶴在陰其子和之高宗諒闇三年不言四
海之内寂然無聲一言聲然大動天下是以天心呿
唫者也故一動其本而百枝皆應若春雨之灌萬物
也渾然而流沛然而施無地而不澍無物而不生故
聖人者懷天心聲然能動化天下者也故精神感於

馬即後之仁義

智巧即後之法術

內形氣動於天則景星見黃龍下祥鳳至醴泉出嘉穀生河不滿溢海不溶波故詩云懷柔百神及河嶠岳逆天暴物則日月薄蝕五星失行四時干乖晝冥宵光山崩川涸冬雷夏霜詩曰正月繁霜我心憂傷天之與人有以相通也故國危亡而天文變世惑亂而虹蜺見萬物有以相連精祲有以相蕩也故神明之事不可以智巧爲也不可以筋力致也天地所包陰陽所嘔雨露所濡生萬物瑤碧玉珠翡翠玳瑁文彩明朗潤澤若濡摩而不玩久而不渝奚仲不能旅

聖人神化與天同

魯般不能造此之謂大巧宋人有以象爲其君爲楮
葉者三年而成莖柯豪芒鋒殺顔澤亂之楮葉之中
而不可知也列子曰使天地一年而成一葉則萬物
之有葉者寡矣夫天地之施化也嘔之而生吹之而
落豈此契契哉故凡可度者小也可數者少也至大
非度之所能及也至衆非數之所能領也故九州不
可頃畝也八極不可道里也太山不可丈尺也江海
不可斗斛也故大人者與天地合德日月合明鬼神
合靈與四時合信故聖人懷天氣抱天心執中含和

不下廟堂而衍四海變習易俗民化而遷善若性諸已能以神化也詩云神之聽之終和且平夫鬼神視之無形聽之無聲然而郊天望山川禱祠而求福雩兊而請雨卜筮而決事詩云神之格思不可度思矧可射思此之謂也天致其高地致其厚月照其夜日照其晝陰陽化列星朗正有道而物自然故陰陽四時非生萬物也雨露時降非養草木也神明接陰陽和而萬物生矣故高山深林非爲虎豹也大木茂枝非爲飛鳥也流源千里淵深百仞非爲蛟龍也致其

又說天地之神化

誠故能化

高崇成其廣大山居木棲巢枝穴藏水潛陸行各得其所寧焉夫大生小多生少天之道也故丘阜不能生雲雨涔水不能生魚鼈者小也牛馬之氣蒸生蟣虱蟣虱之氣蒸不能生牛馬故化生於外非生於內也夫蛟龍伏寢於淵而卵剖於陵螣蛇雄鳴於上風雌鳴於下風而化成形精之至也故聖人養心莫善於誠至誠而能動化矣今夫道者藏精於內棲神於心靜漠恬淡訟繆胸中邪氣無所留滯四技節族毛蒸理泄則機樞調利百脉九竅莫不順比其所居神

此正聖人之神化

者得其位也豈節柎而毛脩之哉聖主在上位廓然無形寂然無聲官府若無事朝廷若無人無隱人無軼民無勞役無寃刑四海之內莫不仰上之德象主之指夷狄之國重譯而至非戸辨而家說之也推其誠心施之天下而已矣詩曰惠此中國以綏四方內順而外寧矣太王亶父處邠狄人攻之杖策而去百姓攜幼扶老負釜甑踰梁山而國乎岐周非令之所能召也秦穆公爲野人食駿馬肉之傷也飲之美酒韓之戰以其死力報非券之所責也宓子治亶父巫

唯其誠也

馬期往觀化焉見夜漁者得小卽釋之非刑之所能禁也孔子爲魯司寇道不拾遺市買不豫賈田漁皆讓長而斑白不戴負非法之所能致也夫矢之所以射遠貫牢者弩力也其所以中的剖微者正心也賞善罰暴者政令也其所以能行者精神也故弩雖强不能獨中令雖明不能獨行必自精氣所以與之施道故攄道以被民而民弗從者誠心弗施也天地四時非生萬物也神明接陰陽和而萬物生之聖人之治天下非易民性也柎循其所有而滌蕩之故因則

又見聖人之神化因其自然

大化則細矣禹鑿龍門闢伊闕決江濬河東注之海因水之流也后稷墾草發菑糞土樹穀使五種各得其宜因地之勢也湯武革車三百乘甲卒三千人討暴亂制夏商因民之欲也故能因則無敵於天下矣夫物有以自然而後人事有治也故良匠不能斲金巧冶不能鑠木金之勢不可斲而木之性不可鑠也埏埴而爲器窬木而爲舟鑠鐵而爲刃鑄金而爲鐘因其可也駕馬服牛令鷄司夜令狗守門因其然也民有好色之性故有大婚之禮有飲食之性故有大

正見因民之化

饗之誼有喜樂之性故有鐘鼓筦絃之音有悲哀之
性故有衰絰哭踊之節故先王之制法也因民之所
好而爲之節文者也因其好色而制婚姻之禮故男
女有别因其喜音而正雅頌之聲故風俗不流因其
寧家室樂妻子教之以順故父子有親因其喜朋友
而教之以悌故長幼有序然後脩朝聘以明貴則饗
飲習射以明長幼時搜振旅以習用兵也入學庠序
以脩人倫此皆人之所有於性而聖人之所匠成也
故無其性不可教訓有其性無其養不能遵道蕭之

反説

性爲絲然非得工女煑以熱湯而抽其統紀則不能成絲卵之化爲雛非慈雌嘔煖覆伏累日積久則不能爲雛人之性有仁義之資非聖人爲之法度而教導之則不可使鄉方故先王之教也因其所喜以勸善因其所惡以禁姦故刑罰不用而威行如流政令約省而化燿如神故因其性則天下聽從拂其性則法縣而不用昔者五帝三王之莅政施教必用參五何謂參五仰取象於天俯取度於地中取法於人乃立明堂之朝行明堂之令以調陰陽之氣以和四時

之節以辟疾病之菑俯視地理以制度量察陵陸水澤肥墽高下之宜立事生財以除饑寒之患中考乎人德以制禮樂行仁義之道以治人倫而除暴亂之禍乃澄列金木水火土之性故立父子之親而成家別清濁五音六律相生之數以立君臣之義而成國察四時季孟之序以立長幼之禮而成官此之謂參制君臣之義父子之親夫婦之辨長幼之序朋友之際此之謂五乃裂地而州之分職而治之築城而居之割宅而異之分財而衣食之立大學而教誨之夙

五帝三王之治如此又能通變故求人以任而不使其衰

興夜寐而勞力之此治之紀綱已然得其人則舉失其人則廢堯治天下政教平德潤洽在位七十載乃求所屬天下之統令四岳揚側陋四岳舉舜而薦之堯堯乃妻以二女以觀其內任以百官以觀其外既入大麓烈風雷雨而不迷乃屬以九子贈以昭華之玉而傳天下焉以爲雖有法度而朱弗能統也夫物未嘗有張而不弛成而不毀者也唯聖人能盛而不衰盈而不虧神農之初作琴也以歸神及其淫也反其天心夔之初作樂也皆合六律而調五音以通八

風及其衰也以沉湎淫康不顧政治至於滅亡蒼頡之初作書以辯治百官領理萬事愚者得以不忘智者得以志遠至其衰也爲姦刻僞書以解有罪以殺不辜湯之初作囿也以奉宗廟鮮犞之具簡士卒習射御以戒不虞及至其衰也馳騁獵射以奪民時罷民之力堯之舉禹契後稷皋陶政教平姦宄息獄訟止而衣食足賢者勸善而不肖者懷其德及至其末朋黨比周各推其與廢公趨私外內相推舉姦人在朝而賢者隱處故易之失也卦書之失也敷樂之失

亦聖人之順其自然者

也淫詩之失也辟禮之失也責春秋之失也剌天地之道極則反盈則損五色雖朗有時而渝茂木豐草有時而落物有隆殺不得自若故聖人事窮而更爲法獘而改制非樂變古易常也將以救敗扶衰黜淫濟非以調天地之氣順萬物之宜也聖人天覆地載日月照臨陰陽調四時化萬物不同無故無新無疏無親故能法天天不一時地不一利人不一事是以緒業不得不多端趨行不得不殊方五行異氣而皆適調六藝異科而皆同道温惠柔良者詩之風也淳龐

敦厚者書之教也清明條達者易之義也恭儉尊讓者禮之爲也寬裕簡易者樂之化也刺幾辯義者春秋之靡也故易之失鬼樂之失淫詩之失愚書之失拘禮之失忮春秋之失訾六者聖人兼用而裁制之失本則亂得本則治其美在調其失在權水火金木土穀異物而皆任規矩權衡準繩異形而皆施丹青膠漆不同而皆用各有所適物各有宜輪員輿方轅從衡橫勢施便也驂欲馳服欲步帶不猒新鉤不猒故處地宜也關雎興於鳥而君子美之爲其雎雄之

不乖居也鹿鳴興於獸君子大之取其見食而相呼也泓之戰軍敗君獲而春秋大之取其不鼓不成列也宋伯姬坐燒而死春秋大之取其不踰禮而行也成功立事豈足多哉方指所言而取一槩焉爾王喬赤松去塵埃之間離羣慝之紛吸陰陽之和食天地之精呼而出故吸而入新踈虛輕舉乘雲遊霧可謂養性矣而未可謂孝子也周公誅管叔蔡叔以平國弭亂可謂忠臣也而未可謂弟也湯放桀武王誅紂以爲天下去殘除賊可謂惠君而未可謂忠臣矣樂

聖人不拘於一取其適治而已故能神化

羊攻中山未能下中山烹其子而食之以示威可謂良將而未可謂慈父也故可乎可而不可乎不可不可乎不可而可乎可舜許由異行而皆聖伊尹伯夷異道而皆仁箕子比干異趨而皆賢故用兵者或輕或重或貪或廉此四者相反而不可一無也輕者欲發重者欲止貪者欲取廉者不利非其有故勇者可令進鬬而不可令持牢重者可令塡固而不可令淩敵貪者可令進取而不可令守職廉者可令守分而不可令進取信者可令持約而不可令應變五者相

反聖人兼用而材使之夫天地不包一物陰陽不生一類海不讓水潦以成其大山不讓土石以成其高夫守一隅而遺萬方取一物而棄其餘則所得者鮮而所治者淺矣治大者道不可以小地廣者制不可以狹位高者事不可以煩民衆者教不可以苛夫事碎難治也法煩難行也求多難贍也寸而度之至丈必差銖而稱之至石必過石秤丈量徑而寡失簡絲數米煩而不察故大較易爲智曲辯難爲慧故無益於治而有益於煩者聖人不爲無益於用而有益於

費者智者弗行也故功不猒約事不猒省求不猒寡功約易成也事省易治也求寡易贍也衆易之於以任人易矣孔子曰小辯破言小利破義小藝破道小見不達達必簡河以透蛇故能遠山以陵遲故能高陰陽無爲故能和道以優遊故能化夫徹於一事察於一辭審於一技可以曲說而未可廣應也蓼菜成行甂甌有堤秤薪而爨數米而炊可以治小而未可以治大也員中規方中矩動成獸止成文可以愉舞而不可以陳軍滌盃而食洗爵而飲盥而後饋可以

正見治在人而不在法任

養少而不可以饗眾今夫祭者屠割烹殺剝狗燒豕調平五味者庖也陳簠簋列樽俎設籩豆者祝也齊明盛服淵默而不言神之所依者尸也宰祝雖不能尸不越樽俎而代之故張瑟者小絃急而大絃緩立事者賤者勞而貴者逸舜爲天子彈五絃之琴謌南風之詩而天下治周公肴臑不收於前鐘鼓不解於懸而四夷服趙政晝決獄而夜理書御史冠蓋接於郡縣覆稽趍戍五嶺以備越築脩城以守胡然姦邪萌生盜賊羣居事愈煩而亂愈生故法者治之具

法者有爲而不能化

也而非所以爲治也而猶弓矢中之具而非所以中也黄帝曰芒芒昧昧因天之威與元同氣故同氣者帝同義者王同力者霸無一焉者亡故人主有伐國之志邑犬羣嗥雄鷄夜鳴庫兵動而戎馬驚今日解怨偃兵家老甘卧巷無聚人妖菑不生非法之應也精氣之動也故不言而信不施而仁不怒而威是以天心動化者也施而仁言而信怒而威是以精誠感之者也施而不言仁而不信怒而不威是以外貌爲之者也故有道以統之法雖少足以化矣無道以行

之法雖衆足以亂矣治身太上養神其次養形治國
太上養化其次正法神清志平百節皆寧養性之本
也肥肌膚充腸腹供嗜欲養生之末也民交讓爭處
卑委利爭受寡力事爭就勞日化上遷善而不知其
所以然此治之上也利賞而勸善畏刑而不爲非法
令正於上而百姓服於下此治之末也上世養本而
下世事末此太平之所以不起也夫欲治之主不世
出而可與興治之臣不萬一以萬一求不世出此所
以千歲不一會也水之性淖以清窮谷之汙生以青

茍不治其性也掘其所流而深之茨其所决而高之使得循勢而行乘衰而流雖有腐髊流漸弗能汙也其性非異也通之與不通也風俗猶此也誠决其善志防其邪心啟其善道塞其姦路與同出一道則民性可善而風俗可美也所以貴扁鵲者非貴其隨病而調藥貴其擪息脉血知病之所從生也所以貴聖人者非貴隨罪而鑒刑也貴其知亂之所由起也若不脩其風俗而縱之淫辟乃隨之以刑繩之以法法雖殘賊天下弗能禁也禹以夏王桀以夏亡湯以殷

王紂以殷亡非法度不存也紀綱不張風俗壞也三代之法不亡而世不治者無三代之智也六律具存而莫能聽者無師曠之耳也故法雖在必待聖而後治律雖具必待耳而後聽故國之所以存者非以有法也以有賢人也其所以亡者非以無法也以無賢人也晉獻公欲伐虞宮之奇存焉爲之寢不安席食不甘味而不敢加兵焉賂以寶玉駿馬宮之奇諫而不聽言而不用越疆而去荀息伐之兵不血刃抱寶牽馬而去故守不待渠壍而固攻不待衝降而拔得

賢之與失賢也故臧武仲以其智存魯而天下莫能
亡也瑑伯玉以其仁寧衛而天下莫能危也易曰豐
其屋蔀其家窺其戶閴其無人無人者非無衆庶也
言無聖人以統理之也民無廉耻不可治也非脩禮
義廉耻不立民不知禮義法弗能正也非崇善廢醜
不向禮義無法不可以爲治也不知禮義不可以行
法法能殺不孝者而不能使人爲孔曾之行法能刑
竊盜者而不能使人爲伯夷之廉孔子弟子七十養
徒三千人皆入孝出悌言爲文章行爲儀表教之所

任法不如任人論至此極矣

成也墨子服役者百八十人皆可使赴火蹈刃死不還踵化之所致也夫刻肌膚鑱皮革被創流血至難也然越爲之以求榮也聖王在上明好惡以示之經誹譽以導之親賢而進之賤不肖而退之無被創流血之苦而有高世尊顯之名民孰不從古者法設而不犯刑錯而不用非可刑而不刑也百工維時庶績咸熙禮義脩而任賢得也故舉天下之高以爲三公一國之高以爲九卿一縣之高以爲二十七大夫一鄉之高以爲八十一元士故智過萬人者謂之英千

人者謂之俊百人者謂之豪十人者謂之傑明於天道察於地理通於人情大足以容衆德足以懷遠信足以一異知足以知變者人之英也德足以教化行足以隱義仁足以得衆明足以照下者人之俊也行足以爲儀表知足以決嫌疑廉可以分財信可使守約作事可法出言可道者人之豪也守職而不廢處義而不比見難不苟免見利不苟得者人之傑也英俊豪傑各以小大之材處其位得其宜由本流末以重制輕上唱而民和上動而下隨四海之內一心同

歸背貪鄙而向義理其於化民也若風之搖草木無之而不靡今使愚教知使不肖臨賢雖嚴刑罰民弗從也小不能制大弱不能使强也故聖主者舉賢以立功不肖主舉其所與同文王舉太公望召公奭而王桓公任管仲隰朋而霸此舉賢以立功也夫差用太宰嚭而滅秦任李斯趙高而亡此舉所與同故觀其所舉而治亂可見也察其黨與而賢不肖可論也夫聖人之屈者以求伸也枉者以求直也故雖出邪辟之道行幽昧之塗將欲以直大道成大功猶出林

之中不得直道拯溺之人不得不濡足也伊尹憂天下之不治調和五味負鼎俎而行五就桀五就湯將欲以濁爲清以危爲寧也周公股肱周室輔翼成王管叔蔡叔奉公子祿父而欲爲亂周公誅之以定天下緣不得已也管子憂周室之卑諸侯之力征夷狄伐中國不得寧處故蒙恥辱而不死將欲以憂夷狄之患平夷狄之亂也孔子欲行王道東西南北七十說而無所偶故因衛夫人彌子瑕而欲通其道此皆欲平險除穢由冥冥至炤炤動於權而統於善者也

夫觀逐者於其反也而觀行者於其終也故舜放弟
周公殺兄猶之爲仁也文公樹米曾子架羊猶之爲
知也當今之世醜必託善以自爲解邪必蒙正以自
爲辟遊不論國仕不擇官行不辟汙曰伊尹之道也
分别爭財親戚兄弟搆怨骨肉相賊曰周公之義也
行無廉恥辱而不死曰管子之趍也行貨賂趣勢門
立私廢公比周而取容曰孔子之術也此使君子小
人紛然殽亂莫知其是非者也故百川並流不注海
者不爲川谷趨行蹐馳不歸善者不爲君子故善言

歸乎可行善行歸乎仁義田子方段干木輕爵祿而重其身不以欲傷生不以利累形李克竭股肱之力領理百官輯穆萬民使其君生無廢事死無遺憂此異行而歸於善者張儀蘇秦家無常居身無定君約從衡之事爲傾覆之謀濁亂天下撓滑諸侯使百姓不遑啟居或從或橫或合衆弱或輔富强此異行而歸於醜者也故君子之過也猶日月之蝕何害於明小人之可也猶狗之晝吠鴟之夜見何益於善夫知者不妄發擇善而爲之計義而行之故事成而功足

賴也身死而名足稱也雖有知能必以仁義爲之本
然後可立也知能蹐馳百事並行聖人一以仁義爲
之準繩中之者謂之君子弗中者謂之小人君子雖
死亡其名不滅小人雖得勢其罪不除使人左據天
下之圖而右吻喉愚者不爲也身貴於天下也死君
親之難視死若歸義重於身也天下大利也比之身
則小身所重也比之義則輕義所全也詩曰愷悌君
子求福不回言以信義爲準繩也欲成霸王之業者
必得勝者也能得勝者必强者也能强者必用人力

名言

者也能用人力者必得人心者也能得人心者必自得者也故心者身之本也身者國之本也未有得巳而失人者也未有失巳而得人者也故爲治之本務在寧民寧民之本在於足用足用之本在於勿奪時勿奪時之本在於省事省事之本在於節用節用之本在於反性未有能搖其本而靜其末濁其源而清其流者也故知性之情者不務性之所無以爲知命之情者不憂命之所無奈何故不高宮室者非愛木也不大鍾鼎者非愛金也直行性命之情而制度可

此又歸在養身上來即前養神養形與治天下並論之意

以爲萬民儀今目悅五色口嚼滋味耳淫五聲七竅交爭以害其性日引邪欲而澆其身夫調身弗能治奈天下何故自養得其節則養民得其心矣所謂有天下者非謂其履勢位受傳籍稱尊號也言運天下之力而得天下之心紂之地左東海右流沙前交趾後幽都師起容關至浦水士億有餘萬然皆倒矢而射傍戟而戰武王左操黃鉞右執白旄以麾之則瓦解而走遂土崩而下紂有南面之名而無一人之德此失天下也故桀紂不爲王湯武不爲放周處酆鎬

之地方不過百里而誓紂牧之野入據殷國朝成湯之廟表商容之閭封比干之墓解箕子之囚乃折抱毀鼓偃五兵縱牛馬搢笏而朝天下百姓謌謳而樂之諸侯執禽而朝之得民心也闔閭伐楚五戰入郢燒高府之粟破九龍之鍾鞭荆平王之墓舍昭王之宮昭王奔隨百姓父兄攜幼扶老而隨之乃相率而爲致勇之寇皆方命奮臂而爲之鬬當此之時無將卒以行列之各致其死却吳兵復楚地靈王作章華之臺發乾谿之役外內搔動百姓罷敝弃疾乘民之

此縱己之欲而不能得民不知養身者也

然而立公子比百姓放臂而去之餓於乾谿食莽飲水枕塊而死楚國山川不變土地不易民性不殊昭王則相率而殉之靈王則倍畔而去之得民之與失民也故天子得道守在四夷天子失道守在諸侯諸侯得道守在四隣諸侯失道守在四境故湯處亳七十里文王處酆百里皆令行禁止於天下周之衰也戎伐凡伯於楚丘以歸故得道則以百里之地令於諸侯失道則以天下之大畏於冀州故曰無恃其不吾奪也恃吾不可奪行可奪之道而非簒弒之行無

益於持天下矣凡人之所以生者衣與食也今囚之冥室之中雖養之以芻豢衣之以綺繡不能樂也以目之無見耳之無聞穿隙穴見雨零則快然而嘆之況開戶發牖從冥冥見炤炤乎見炤炤猶尚肆然而喜又況出室坐堂見日月光乎見日月光曠然而樂又況登太山履石封以望八荒視天都若蓋江河若帶又況萬物在其間者乎其爲樂豈不大哉且聾者耳形具而無能聞也盲者目形存而無能見也夫言者所以通已於人也聞者所以通人於已也瘖者不

又以養身論到學上去唯學能知道故能治人

言聾者不聞既瘖且聾人道不通故有瘖聾之病者雖破家求醫不顧其費豈獨形骸有瘖聾哉心志亦有之夫指之拘也莫不事申也心之塞也莫知務通也不明於類也夫觀六藝之廣崇窮道德之淵深達乎無上至乎無下運乎無極翔乎無形廣於四海崇於太山富於江河曠然而通昭然而明天地之間無所繫戾其所以監觀豈不大哉人之所知者淺而物變無窮曩不知而今知之非知益多也問學之所加也夫物常見則識之嘗爲則能之故因其患則造其

備犯其難則得其便夫以一世之壽而觀千歲之知今古之論雖未嘗更也其道理素具可不謂有術乎人欲知高下而不能教之用管準則説欲知輕重而無以予之以權衡則喜欲知遠近而不能教之以金目則快射又況知應無方而不窮哉犯大難而不懾見煩繆而不惑晏然自得其爲樂也豈直一説之快哉夫道有形者皆生焉其爲親亦戚矣享穀食氣者皆受焉其爲君亦惠矣諸有智者皆學焉其爲師亦博矣射者數發不中人教之以儀則喜矣又況生儀

名言

者乎人莫不知學之有益於已也然而不能者嬉戲害人也人皆多以無用害有用故智不博而日不足以鑿觀池之力耕則田野必辟矣以積土山之高脩隄防則水用必足矣以食狗馬鴻鴈之費養士則名譽必榮矣以弋獵博奕之日誦詩讀書聞識必博矣故不學之與學也猶瘖聾之比於人也凡學者能明於天下之分通於治亂之本澄心清意以存之見其終始可謂知略矣天之所爲禽獸草木人之所爲禮節制度構而爲宫室制而爲舟輿是也治之所以爲

本者仁義也所以爲末者法度也凡人之所以事生
者本也其所以事死者末也本末一體也其兩愛之
一性也先本後末謂之君子以末害本謂之小人君
子與小人之性非異也所在先後而已矣草木洪者
爲本而殺者爲末禽獸之性大者爲首而小者爲尾
末大於本則折尾大於要則不掉矣故食其口而百
節肥灌其本而枝葉美天地之性也天地之生物也
有本末其養物也有先後人之於治也豈得無終始
哉故仁義者治之本也今不知事脩其本而務治其

應前所論一歸之於仁義

末是釋其根而灌其枝也且法之生也以輔仁義今重法而棄義是貴其冠履而忘其頭足也故仁義者爲厚基者也不益其厚而張其廣者毀不廣其基而增其高者覆趙政不增其德而累其高故滅智伯不行仁義而務廣地故亡其國語曰不大其棟不能任重重莫若國棟莫若德國主之有民也猶城之有基木之有根根深則本固基美則上寧五帝三王之道天下之綱紀治之儀表也今商鞅之啟塞申子之三符韓非之孤憤張儀蘇秦之從衡皆掇取之權一切

商鞅申韓之說豈所謂治

之術也非治之大本事之恒常可博聞而世傳者也子囊北而全楚北不可以爲庸弦高誕而存鄭誕不可以爲常今夫雅頌之聲皆發於詞本於情故君臣以睦父子以親故韶夏之樂也聲浸乎金石潤乎草木今取怨思之聲施之於絃管聞其音者不淫則悲淫則亂男女之辯悲則感怨思之氣豈所謂樂哉趙王遷流於房陵思故鄉作爲山水之嘔聞者莫不殞涕荆軻西刺秦王高漸離宋意爲擊筑而謌於易水之上聞者莫不瞋目裂眦髮植穿冠因以此聲爲樂

哉以其非仁義也

而入宗廟豈古之所謂樂哉故弁冕輅輿可服而不可好也大羹之和可食而不可嗜也朱絃漏越一唱而三嘆可聽而不可快也故無聲者正其可聽者也其無味者正其足味者也吠聲清於耳兼味快於口非其貴也故事不本於道德者不可以爲儀言不合乎先王者不可以爲道音不調乎雅頌者不可以爲樂故五子之言所以便說掇取也非天下之通義也聖王之設政施教也必察其終始其縣法立儀必原其本末不苟以一事備一物而已矣見其造而思其

極論法制之不如仁義故聖人不務彼而務此

功觀其源而知其流故博施而不竭彌久而不垢夫水出於山而入於海稼生於田而藏於倉聖人見其所生則知其所歸矣故舜深藏黄金於嶄巖之山所以塞貪鄙之心也儀狄爲酒禹飲而甘之遂疏儀狄而絶嗜酒所以遏流湎之行也師延爲平公鼓朝謌北鄙之音師曠曰此亡國之樂也太息而撫之所以防淫辟之風也故民知書而德衰知數而厚衰知券契而信衰知械機而實衰也巧詐藏於胸中則純白不備而神德不全矣琴不鳴而二十五絃各以其聲

應軸不運而三十輻各以其力旋絃有緩急小大然
後成曲車有勞軼動靜而後能致遠使有聲者乃無
聲者也能致千里者乃不動者也故上下異道則治
同道則亂位高而道大者從事大而道小者凶故小
快害義小慧害道小辯害治苛削傷德大政不險故
民易道至治寬裕故下不相賊至中復素故民無匿
情商鞅爲秦立相坐之法而百姓怨矣吳起爲楚減
爵祿之令而功臣畔矣商鞅之立法也吳起之用兵
也天下之善者也然商鞅以法亡秦察於刀筆之跡

而不知治亂之本也吳起以兵弱楚習於行陳之事而不知廟戰之權也晋獻公之伐驪得其女非不善也然而史蘇歎之見其四世之被禍也吳王夫差破齊艾陵勝晋黃池非不捷也而子胥憂之見其必擒於越也小白奔莒重耳奔曹非不困也而鮑叔咎犯隨而輔之知其可與至於霸也句踐棲於會稽脩政不殆謨慮不休知禍之爲福也襄子再勝而有憂色畏福之爲禍也故齊桓公亡汶陽之田而霸智伯兼三晋之地而亡聖人見禍福於重閉之內而慮患於

博喻法律之不可用

九拂之外者也螈蠶一歲再收非不利也然而王法禁之者爲其殘桑也離先稻熟而農夫耨之不以小利傷大穫也家老異飯而食殊器而享子婦跣而上堂跪而斟羹非不費也然而不可省者爲其害義也待媒而結言聘納而取婦紱絻而親迎非不煩也然而不可易者所以防淫也使民居處相司有罪相覺於以舉姦非不掇也然而傷和睦之心而構仇讎之怨故事有鑿一孔而生百隙樹一物而生萬葉者所鑿不足以爲便而所開足以爲敗所樹不足以爲利

仁義可不務哉

而所生足以爲濊愚者惑於小利而忘其大害昌羊去蚤虱而人弗庠者爲其來蚙窮也貍執鼠而不可脫於庭者爲搏鷄也故事有利於小而害於大得於此而忘於彼者故行棊者或食兩而路窮或予踦而取勝偷利不可以爲行而智術可以爲法故仁知人材之美者也所謂仁者愛人也所謂知者知人也愛人則無虐刑矣知人則無亂政矣治由文理則無悖謬之事矣刑不侵濫則無暴虐之行矣上無煩亂之治下無怨望之心則百殘除而中和作矣此三代之

又以仁義用人並結本旨

所㠯故書曰能哲且惠黎民懷之何憂讙兜何遷有苗智伯有五過人之材而不免於身死人手者不愛人也齊王建有三過人之巧而身虜於秦者不知賢也故仁莫大於愛人知莫大於知人二者不立雖察慧捷巧劬祿疾力不免於亂也

此淮南自敘也而文多牽合較班馬自敘不類遠甚

淮南鴻烈解卷二十一

要畧

夫作爲書論者所以紀綱道德經緯人事上考之天下揆之地中通諸理雖未能抽引玄妙之中才繁然足以觀終始矣總要舉凡而語不剖判純樸靡散大宗懼爲人之惽惽然弗能知也故多爲之辭博爲之說又恐人之離本就末也故言道而不言事則無以與世浮沉言事而不言道則無以與化遊息故著二十篇有原道有俶眞有天文有地形有時則有覽冥

有精神有本經有主術有繆稱有齊俗有道應有氾論有詮言有兵畧有說山有說林有人間有脩務有秦族也原道者盧牟六合混沌萬物象太一之容測窈冥之深以翔虛無之軫託小以苞大守約以治廣使人知先後之禍福動靜之利害誠通其志浩然可以大觀矣欲一言而寤則尊天而保眞欲再言而通則賤物而貴身欲參言而究則外物而反情執其大指以內洽五藏瀸濇肌膚被服法則而與之終身所以應待萬方覽耦百變也若轉丸掌中足以自樂也

俶眞者窮逐終始之化嬴垀有無之精離別萬物之變合同死生之形使人遺物反已審仁義之間通同異之理觀至德之統知變化之紀說符玄妙之中通迴造化之母也天文者所以和陰陽之氣理日月之光節開塞之時列星辰之行知逆順之變避忌諱之殃順時運之應法五神之常使人有以仰天承順而不亂其常者也地形者所以窮南北之脩極東西之廣經山陵之形區川谷之居明萬物之主知生類之衆列山淵之數規遠近之路使人通迴周備不可動

以物不可驚以怪者也時則者所以上因天時下盡
地力據度行當合諸人則形十二節以爲法式終而
復始轉於無極因循倣依以知禍福操舍開塞各有
龍忌發號施令以時教期使君人者知所以從事覽
冥者所以言至精之通九天也至微之淪無形也純
粹之入至清也昭昭之通冥冥也乃始攬物引類覽
取撟掇浸想宵類物之可以喻意象形者乃以穿通
窘滯決瀆壅塞引人之意繫之無極乃以明物類之
感同氣之應陰陽之合形埒之朕所以令人遠觀博

見者也精神者所以原本人之所由生而曉寤其形骸九竅取象於天合同其血氣與雷霆風雨比類其喜怒與晝宵寒暑並明審死生之分別同異之跡節動靜之機以反其性命之宗所以使人愛養其精神撫靜其魂魄不以物易己而堅守虛無之宅者也本經者所以明大聖之德通維初之道埒畧衰世古今之變以襃先聖之隆盛而貶末世之曲政也所以使人黜耳目之聰明精神之感動樽流遁之觀節養性之和分帝王之操列小大之差者也主術者君人之

事也所以因作任督責使群臣各盡其能也明攝權操柄以制群下提名責實考之參伍所以使人主秉數持要不忘喜怒也其數直施而正邪外私而立公使百官條通而輻輳各務其業人致其功此主術之明也繆稱者破碎道德之論差次仁義之分畧雜人間之事總同乎神明之德假象取耦以相譬喻斷短爲節以應小具所以曲說攻論應感而不匱者也齊俗者所以一羣生之短修同九夷之風氣通古今之論貫萬物之理財制禮義之宜擘畫人事之終始者

也道應者攬掇遂事之蹤追觀往古之跡察禍福利害之反考驗乎老莊之術而以合得失之勢者也氾論者所以箴縷縩繺之間攕揳唲齵之郄也接徑直施以推本樸而兆見得失之變利病之文所以使人不妄沒於勢利不誘惑於事態有符曮晛兼稽時世之變而與化推移者也詮言者所以譬類人事之指解喻治亂之體也差擇微言之眇詮以至理之文而補縫過失之闕者也兵畧者所以明戰勝攻取之數形勢之機詐譎之變體因循之道操持後之論也所

以知戰陣分爭之非道不行也知攻取堅守之非德不強也誠明其意進退左右無所失擊危乘勢以爲資清靜以爲常避實就虛若驅羣羊此所以言兵也說山說林者所以竅窕穿鑿百事之壅遏而通行貫扃萬物之窒塞者也假譬取象異類殊形以領理人之意懈墮結細說捍摶囷而以明事埒事者也人間者所以觀禍福之變察利害之反鑽脉得失之跡標舉終始之壇也分別百事之微敷陳存亡之機使人知禍之爲福亡之爲得成之爲敗利之爲害也誠喻

至意則有以傾側偃仰世俗之間而無傷乎讒賊螫毒者也脩務者所以爲人之於道未淹味論未深見其文辭反之以清靜爲常恬淡爲本則懈墮分學縱欲適情欲以偷自佚而塞於大道也今夫狂者無憂聖人亦無憂聖人無憂和以德也狂者無憂不知禍福也故通而無爲也與塞而無爲也同其無爲則同其所以無爲則異故爲之浮稱流說其所以能聽所以使學者孳孳以自幾也泰族者橫八極致高崇上明三光下和水土經古今之道治倫理之序總萬方

之指而歸之一本以經緯治道紀綱王事乃原心術理情性以館清平之靈澄澈神明之精以與天和相嬰薄所以覽五帝三王懷天氣抱天心執中含和德形於內以著凝天地發起陰陽序四時正流方綏之斯寧推之斯行乃以陶冶萬物遊化羣生唱而和動而隨四海之內一心同歸故景星見祥風至黃龍下鳳巢列樹麟止郊野德不內形而行其法藉專用制度神祇弗應福祥不歸四海弗賓兆民弗化故德形於內治之大本此鴻烈之泰族也凡屬書者所以窺

道開塞使後世庶知舉錯取捨之宜適外與物接而
不眩內有以處神養氣宴煬至和而已自樂所受乎
天地者也故言道而不明終始則不知所倣依言終
始而不明天地四時則不知所避諱言天地四時而
不引譬援類則不識精微言至精而不原人之神氣
則不知養生之機原人情而不言大聖之德則不知
五行之差言帝道而不言君事則不知小大之衰言
君事而不爲稱喻則不知動靜之宜言稱喻而不言
俗變則不知合同大指已言俗變而不言往事則不

知道德之應知道德而不知世曲則無以耦萬方知
氾論而不知詮言則無以從容通書文而不知兵指
則無以應卒已知大畧而不知譬喻則無以推明事
知公道而不知人間則無以應禍福知人間而不知
脩務則無以使學者勸力欲强省其辭覽總其要弗
曲行區入則不足以窮道德之意故著書二十篇則
天地之理究矣人間之事接矣帝王之道備矣其言
有小有巨有微有粗指奏卷異各有爲語今專言道
則無不在焉然而能得本知末者其唯聖人也今學

者無聖人之才而不爲詳説則終身顛頓乎混溟之
中而不知覺寤乎昭明之術矣今易之乾坤足以窮
道通意也八卦可以識吉凶知禍福矣然而伏羲爲
之六十四變周室增以六爻所以原測淑清之道而
攈逐萬物之祖也夫五音之數不過宫商角徵羽然
而五弦之琴不可鼓也必有細大駕和而後可以成
曲今畫龍首觀者不知其何獸也具其形則不疑矣
今謂之道則多謂之物則少謂之術則博謂之事則
淺推之以論則無可言者所以爲學者固欲致之不

張賓王曰喻妙

言而已也夫道論至深故多爲之辭以抒其情萬物至衆故博爲之說以通其意辭雖壇卷連漫絞紛遠援所以洮汰滌蕩至意使之無凝竭底滯捲握而不散也夫江河之腐胔不可勝數然祭者汲焉大也一盃酒白蠅漬其中匹夫弗嘗者小也誠通乎二十篇之論睹凡得要以通九野徑十門外天地捭山川其於逍遥一世之間宰匠萬物之形亦優游矣若然者挾日月而不姚潤萬物而不耗曼兮洮兮足以覽矣藐兮浩兮曠曠兮可以游矣文王之時紂爲天子賦

斂無度戮殺無止康梁沉湎宮中成市作爲炮烙之刑刳諫者剔孕婦天下同心而苦之文王四世纍善脩德行義處岐周之間地方不過百里天下二垂歸之文王欲以卑弱制強暴以爲天下去殘除賊而成王道故太公之謀生焉文王業之而不卒武王繼文王之業用太公之謀悉索薄賦躬擐甲冑以伐無道而討不義誓師牧野以踐天子之位天下未定海內未輯武王欲昭文王之令德使夷狄各以其賄來貢遼遠未能至故治三年之喪殯文王於兩楹之間以

侯遠方武王立三年而崩成王在襁褓之中未能用事蔡叔管叔輔公子祿父而欲爲亂周公繼文王之業持天子之政以股肱周室輔翼成王懼爭道之不塞臣下之危上也故縱馬華山放牛桃林敗鼓折抱搢笏而朝以寧靜王室鎮撫諸侯成王既壯能從政事周公受封於魯以此移風易俗孔子脩成康之道述周公之訓以教七十子使服其衣冠脩其篇籍故儒者之學生焉墨子學儒者之業受孔子之術以爲其禮煩擾而不悅厚葬靡財而貧民復傷生而害事

故背周道而用夏政禹之時天下大水禹身執虆垂
以爲民先剔河而道九岐鑿江而通九路辟五湖而
定東海當此之時燒不暇撌濡不給抗死陵者葬陵
死澤者葬澤故節財薄葬閑服生焉齊桓公之時天
子卑弱諸矦力征南夷北狄交伐中國中國之不絶
如綫齊國之地東負海而北彰河地狹田少而民多
智巧桓公憂中國之患苦夷狄之亂欲以存亡繼絶
崇天子之位廣文武之業故管子之書生焉齊景公
內好聲色外好狗馬獵射亡歸好色無辨作爲路寢

之臺族鑄大鍾撞之庭下郊雉皆呴一朝用三千鍾贛梁丘據子家噲導於左右故晏子之諫生焉晚世之時六國諸侯谿異谷別水絕山隔各自治其境內守其分地握其權柄擅其政令下無方伯上無天子力征爭權勝者爲右恃連與國約重致剖信符結遠援以守其國家持其社稷故縱橫脩短生焉申子者韓昭釐之佐韓晉別國也地墽民險而介於大國之間晉國之故禮未滅韓國之新法重出先君之令未收後君之令又下新故相反前後相繆百官背亂不

知所用故刑名之書生焉秦國之俗貪狼强力寡義而趨利可威以刑而不可化以善可勸以賞而不可厲以名被險而帶河四塞以爲固地利形便畜積殷富孝公欲以虎狼之勢而吞諸侯故商鞅之法生焉若劉氏之書觀天地之象通古今之事權事而立制度形而施宜原道之心合三王之風以儲與扈冶玄眇之中精摇靡覽棄其畛挈斟其淑静以統天下理萬物應變化通殊類非循一跡之路守一隅之指拘繫牽連於物而不與世推移也故置之尋常而不塞

布之天下而不寃。

張賓王曰詞華多新奇可喜全書之梗槩可觀